DES BALLETS

ANCIENS ET MODERNES

SELON LES REGLES DU THEATRE.

A PARIS,

Chez RENE' GUIGNARD, rüe Saint Jacques, au grand saint Basile.

M. DC. LXXXII.

Avec Privilege du Roi.

A MONSEIGNEUR

LE DUC

D'AUMONT,

PAIR DE FRANCE,

PREMIER GENTILHOMME

DE LA CHAMBRE

DU ROY,

GOUVERNEUR DE BOLOGNE,

ET DU PAYS BOLONNOIS.

MONSEIGNEUR,

Le droit que vous avez de re-
gler les spectacles & les divertisse-
mens de la Cour, en qualité de pre-

ã ij

mier Gentilhomme de la Chambre
du Roy, & l'application que vous
donnez à tout ce que l'Antiquité a
jamais eu de plus curieux & de plus
rare dans l'Histoire en ces sçavantes assemblées qui se font chez vous
toutes les Semaines, m'obligent de
vous presenter la recherche que j'ay
faite des Ballets, puis qu'ils font
depuis tant de siecles les divertissemens les plus ordinaires des Souverains, & des personnes qui tiennent
comme vous les premiers rangs dans
le monde, par les avantages de leur
Naissance. Car, MONSEI-
GNEVR, il est peu de maisons
aussi anciennes, & aussi illustres
que la vôtre. Dés le temps que la
Noblesse a commencé à se distinguer par des noms propres, & par des
Armoiries on a vû le nom d'AV-
MONT considerable dans toute
l'Europe, & vos Merlettes de couleur de sang, pour marquer celui
des Ennemis répandu, ont paru sur
autant de Trophées, qu'il y a eu de

Guerres & de Combats celebres en tous les endroits du monde, où nos Rois ont porté leurs Armes victo- rieuses.

L'Oriflamme qu'ils confierent à vos Ancestres n'est pas le moindre témoignage qu'on ait rendu à leur valeur, & à leur fidelité. Cét Estendard sacré fut celui de la Vi- ctoire, tandis qu'il fut entre leurs mains, & nous l'aurions encore au- jourd'huy, s'ils en avoient toûjours été les depositaires. Estre sans inter- ruption au treiziéme degré d'une maison, qui ne conte que des Gene- raux d'Armée des Porte-Oriflam- me des Maréchaux de France, des Chambellans, des Gouverneurs de Provinces, & des Chevaliers des Ordres, c'est etre distingué d'une ma- niere à ne voir audessus de soy, que les Couronnes Souveraines, & les personnes qui descendent du Sang même des Souverains. A ces avan- tages de la Naissance, vous joi- gnez, MONSEIGNEVR, une

grandeur d'ame digne du rang que
vous tenez. Vous aimez les belles
chofes, & vous donnez aux curia-
fitez les plus loüables, un temps,
que tant d'autres ne donnent qu'au
jeu, & aux plaifirs. Tout ce que
Rome a eu d'illuftre, fe void dans
vôtre Cabinet en cette precieufe
fuite de Medailles d'or & d'argent
qui fait l'Hiftoire de fept ou huit
fiecles, & le fujet ordinaire des
doctes conferences qui fe font dans
vôtre maifon. C'eft en preparant
des remarques fur les Medailles de
Tibere, de Caligula, & de Claude,
que je me fuis diverti à raffembler
les reflexions que j'avois faites autrefois fur les Ballets, & en atten-
dant de vous rendre conte de l'hiftoire de ces trois Empereurs, j'ay
crû que je devois vous faire part de
ce qui m'a fervi comme de delaffe-
ment durant ces Vacations. Les
Magiftrats les plus feveres donnent
en ces temps là quelques heures aux
plaifirs innocens de la Campagne.

EPITRE.

La Grece & l'Italie m'ont tenu lieu cét Automne de tous ces innocens plaisirs, & cette dissertation, qui est une suite des representations en Musique que j'ay publiées depuis un mois, est un fruit du loisir que m'a donné la cessation d'un travail, que je suis obligé de reprendre pour satisfaire au devoir que m'impose mon caractere, & la bienseance de ma profession. Ainsi, MONSEIGNEVR, ne considerez cét ouvrage si éloigné de cette Profession, que comme ces ouvrages que quelques Peres de l'Eglise ont fait autrefois pour se divertir, quand ils ont traité de la Musique, de la Poësie, de l'Histoire, & des Spectacles de leur temps. C'est ce qui pourra me justifier auprés de certains Esprits, qui voudroient que l'on n'écrivit que des Livres spirituels quand on est de profession à instruire le public des devoirs du Salut & de la Religion, mais comme il m'est indifferent de plaire à ces gens là,

ou d'attirer leur cenſure, je ſeray
ſatisfait de mon ouvrage, s'il peut
vous marquer le reſpeſt avec lequel
je ſuis,

MONSEIGNEVR,

Vôtre tres-humble,
& tres-obeïſſant
Serviteur
***

PREFACE.

DE tous les Spectacles de divertissement que les Grecs ont inventez, ou perfectionnez, il n'en est guere de plus universel que les Ballets: parce qu'outre que tous les peuples & toutes les Nations de la terre ont eu des danses figurées, & propres à exprimer diverses choses, les Ballets entrent generalement dans toutes les representations. La Tragedie, & la Comedie en ont composé leurs chœurs & leurs intermedes. Les actions en Musique les reçoivent dans leurs Prologues, & les entremêlent à leurs recits. Ils font une partie des Carrousels. Et il n'est pas jusqu'aux ceremonies les plus saintes , qui ne les admettent en Espagne , & en Portugal , dans les Eglises , & aux Processions les plus serieuses , & les plus graves. Ils ont même fait autrefois une partie assez considerable des Actes de Religion parmy les Juifs & les Chrétiens, aussi bien que parmy les Infideles.

L'Office divin étoit composé de Pseaumes , d'Hymnes , & de Cantiques , parce que l'on recitoit, l'on chantoit, & l'on dansoit les loüanges de Dieu , comme on en lisoit les Oracles dans ces extraits des livres sacrés du vieux & du nouveau Testament que nous nommons encore aujourd'huy du nom de Leçons. Le lieu où l'on rendoit à Dieu ces Actes de Religion, en eut le nom de Chœur, comme ces parties de la Tragedie & de la Comedie où l'on joignoit la Danse au chant pour en faire les Inter-

medes. Les Prelats en furent
nommez en langue Latine *Præ-
sules à Præsiliendo* dit Scaliger,
parce qu'ils faisoient dans le
Chœur à l'égard des loüanges de
Dieu ce que faisoit dans les jeux
publics, celui qui commençoit la
Danse , & que les Grecs nommoient *Choragos.* L'Abus que
l'on fit avec le temps de ces danses sacrées, qui étoient devenües
libres & dissoluës, les fit abolir,
comme on abolit les *Agapes* , ou
festins de charité , & les baisers
de paix que les fideles se donnoient dans l'Eglise les uns aux
autres. C'est pour la même raison
que plusieurs Eglises ont quitté la Musique & les Instrumens ,
& plusieurs Prelats ont defendu
sagemét les trois derniers joursde
la Semaine sainte de cháter avec
appareil les Lamentations de Jeremie , pour empêcher les desordres qui se commettoient en des
jours si saints, par le grand nom-

ē ij

bre de perſonnes que la Symphonie & les belles voix y attirent,
plûtôt que la pieté.

J'ay vû encore en quelques
Egliſes le jour de Pâques les
Chanoines prendre par la main
les Enfans de Chœur, & en chantant des Hymnes de rejouïſſance
danſer dans l'Egliſe : pour ne
rien dire des coûtumes ſcanda-
leuſes, que la ſimplicité avoit introduites il y a deux ou trois ſiecles, & que le libertinage avoit
tellement corrompuës, qu'il a
fallu des lois ſeveres pour les
abolir, & autant de zele & d'application, que la plûpart de nos
Prelats en ont eu pour bannir de
leurs Dioceſes ces abus dangereux.

Nous ne faiſons plus des Actes
de Religion, des danſes comme ont fait les Juifs, & les Infideles, nous nous contentons
d'en faire des divertiſſemens
honnêtes pour former le corps à

des actions nobles , & de bienseance. Nous en faisons des réjoüissances publiques , & souvent sous des allegories ingenieuses on represente les évenemens
qui font le bon-heur de l'Etat,
pour en faire goûter aux peuples
toutes les douceurs , sous les ap-
pas du plaisir & du divertissement qui les leur rendent plus
sensibles. C'est pour cela que sa
Majesté dansant peu de temps
apres sa Majorité un Ballet de la
Prosperité des armes de la France, on en publia le sujet avec cét
avertissement.

Aprés avoir receu cette année
tant de victoires du Ciel, ce n'est
pas assez de l'avoir remercié dans
les temples, il faut encore que le
ressentiment de nos cœurs éclate par
des réjouissances publiques. C'est
ainsi que l'on celebre les grandes
Festes : une partie du jour s'em-
ploye à louer Dieu, & l'autre aux
passetemps honnètes. Cet Hiver

doit être comme une longue Feste,
aprés de longs travaux. Non seu-
lement le Roy & son grand Mi-
nistre qui ont tant veillé & travail-
lé pour l'aggrandissement de l'Etat,
& tous ces vaillans guerriers, qui
ont si valeureusement executè ses
nobles desseins, doivent prendre du
repos, & du divertissement ; mais
encore tout le peuple doit se réjouir,
qui aprés ses inquietudes dans l'at-
tente des grands succez, ressent un
plaisir aussi grand des avantages
de son Prince, que ceux mêmes qui
ont le plus contribué pour son servi-
ce & pour sa gloire.

Il ajoute apres cela, que les
Ballets sont des Comedies muettes, qui doivent être divisées
par Actes & par Scenes, comme
les autres pieces de Theatre : que
les Recits separent les Actes, &
queles Entrées des Danseurs sont
autant de Scenes. Ce qui suffi-
roit pour établir la conduite des
Ballets, s'ils n'étoient en rien dif-

ferens des Tragedies & des Comedies, qu'en ce que celles-la
font des actions qui parlent, ou
qui font parler les Acteurs, au
lieu que les Ballets font des
Comedies muettes. Mais il y a
bien à dire de ces Representations à celles-cy comme on verra
dans ce Traité. On y examine la
nature des Ballets fur les regles
d'Ariftote, fur les remarques de
Lucien, & fur les exemples des
fiecles les plus éclairez. Il ne faut
que jetter les yeux fur la conduite du Ballet auquel eft joint l'a-
vertiffement que je viens de rapporter, pour être perfuadé que
ces fortes d'actions ne fe condui-
fent pas comme les autres pieces
de Theatre. Il y a veritablement
cinq actes, dont le premier eft
compofé de fept Entrées, le fecond de neuf, le troifiéme de
fept, le quatriéme de fept, & le
cinquiéme de fix. Mais quelle
liaifon y a-til entre ces Actes &

é iiij

ces Entrées ? L'Harmonie fait
le recit du premier Acte. L'Enfer paroît aussi-tôt aprés, l'Orgueil, l'Artifice, le Meurtre, le
Desir de regner, la Tyrannie, &
le Desordre font la premiere Entrée. Pluton & quatre Demons
font la seconde, la troisiéme est
de Proserpine & des trois Parques. En la quatriéme on voit
des Furies qui tiennent des Serpens entre les mains, un Aigle
descend des Nuës, & deux
Lions sortent de leurs Cavernes.
Les Furies touchent de leurs Serpens l'Aigle, & les Lions, pour
leur inspirer la Fureur, l'Enfer
se referme, & la Terre paroît
comme auparavant. Mars &
Bellone font la cinquiéme Entrée, la Renommée & la Victoire la sixiéme, l'Hercule Gaulois
au milieu de Mars, de Bellone,
de la Renommée, & de la Victoire fait la septiéme, d'une
Flêche il fait fuir l'Aigle, & de

fa Maſſuë il fait fuir les Lions, & s'étant retiré avec Pallas & Bellone, la Renommée & la Victoire danſent aprés eux.

Au ſecond Acte le Theatre repreſente les Alpes couvertes de Neige, & l'Italie ſur une montagne vient faire le recit.

L'Italie s'étant retirée, les Alpes s'ouvrent, & Cazal paroiſt dans l'éloignement, les tentes & les retranchemens des Eſpagnols, & le Camp des François. Quatre fleuves d'Italie, qui appellent les François font la premiere entrée. La ſeconde eſt de quatre François qui viennent à leur ſecours. Quatre Eſpagnols, aprés avoir danſé la troiſiéme Entrée, ſe retirent dans leurs retranchemens, où les François les attaquent & les forcent. La Fortune qui porte les armes de la France, fait la quatriéme Entrée. Auſſitôt le Theatre change & repreſente Arras. Trois Flamans avec des pots de Biere, viennent recevoir les François, & font la cinquiéme & la sixiéme. Les François entrent avec eux dans la Ville. Des Espagnols & leurs partisans font la septiéme. La huitiéme est de trois François, & la neuviéme de Pallas Deesse de la Prudence, qui vient retirer quelques François du parti d'Espagne.

Au troisiéme Acte, le Theatre represente la Mer environnée de Rochers, & trois Sirenes font le Recit. La premiere entrée est de six Tritons, la seconde de quatre Nereïdes, & les Gallions d'Espagne paroissent sur la Mer. L'Amerique & trois Americains viennent pour la troisiéme présenter leurs tresors à l'Espagne. L'Espagne, & trois Espagnols font la quatriéme Entrée, trois Espagnoles viennent trouver les Espagnols en la cinquiéme, & dansent ensemble, tandis que les Galions François paroissent, combattent, & brûlent ceux d'Espagne. Le General victorieux avec quatre Capitaines dansent sur le bord en la sixiéme, la septiéme est de cinq Mores Esclaves.

Au quatriéme Acte le Theatre represente le Ciel ouvert, d'où descendent les neuf Muses, & font le recit. Venus, Amour & les trois Graces font la premiere Entrée. Mercure fait la seconde, Bacchus & huit petits Satyres la troisiéme ; Apollon la quatriéme. Mome & quatre joüeurs de Tambour de Biscaye font la cinquiéme, pendant quoy l'Aigle & les Lions reviennent. En la sixiéme, Hercule sort encore du fonds du Theatre pour les combattre. En la septiéme Jupiter descend du Ciel dans un Trône lumineux environné & soûtenu de Nuages, touche l'Aigle & & les Lions de sa main pour les appaiſer, & leur ôter la fureur, que les Furies leur avoient inſpi-rée, & remet la maſſuë ſur l'é-paule d'Hercule, comme s'il le prioit de ſe contenter de ſes ex-ploits. Jupiter demeure ſeul, dan-ce, puis remonte au Ciel.

Au cinquiéme acte le Theatre repreſente la terre pleine de fleurs & de fruits, & la Concor-de paroiſt ſur un Char doré, or-né d'une abondance de fleurs & de fruits, & ſoûtenu par des nuës, c'eſt elle qui fait le recit. L'Abondance, la bonne chere, les jeux & les plaiſirs font la pre-miere entrée. Les réjoüiſſances font la ſeconde par des Danſes & ſauts ridicules. Cardelin fait des ſauts perilleux dans la troi-ſiéme. Dans la quatriéme, les Addreſſes & les exercices font toute ſorte de tours ſur des Rhi-nocerots. Quatre Admirateurs de la gloire du Roy font la cin-quiéme entrée, la Gloire fait la derniere & se perd dans le Ciel.

Quand je considere que le sujet de ce Ballet est la Prosperité des armes de la France, je cherche ce sujet dans les Entrées des Tritons, des Nereïdes, des Muses, d'Apollon, de Mercure, de Jupiter, de Cardelin, des Espagnoles qui dansent avec des Espagnols & des Ameriquains qui presentent des tresors à l'Espagne.

Cela fait voir évidemment que tout le monde n'entend pas la conduite des Ballets, & qu'il est difficile d'en faire de bien reguliers, si l'on ne s'est instruit des Regles qu'Aristote, Platon, Plutarque, & Lucien nous ont laissées pour la conduite de ces representations.

C'est ce qui m'a obligé de recueillir en un corps tout ce que j'avois remarqué de la pratique du Theatre pour ces actions muettes, lorsque j'étois employé

à faire de semblables representations. On en publia les premieres observations l'an 1658.
lorsqu'ayant à recevoir sa Majesté
dans Lyon, je fis danser un Ballet, dont le sujet étoit l'Autel
de Lyon consacré à Louis Auguste, & placé dans le Temple
de la Gloire. Le sujet de cette
action étoit tiré du quatriéme livre de Strabon, qui dit que tous
les peuples des Gaules ayant de-
cerné un Temple à Auguste, on
le bâtit dans Lyon au Confluent
du Rhosne & de la Saone, que
l'Autel en étoit celebre, pour les
Images & l'inscription de soixante Nations qui avoieut fait dresser ce Temple, & consacrer cet
Autel. Suetone dit que l'Empereur Claude nâquit à Lyon sous
le Consulat de Jule Antoine, &
Fabius l'Africain, le premier
jour du mois d'Aoust, qui étoit
le jour auquel se fit la Dedicace
de l'Autel consacré à Auguste.

*Claudius natus est Iulo Antonio &
Fabio Africano Coss. Calendis
Augusti, Lugduni, eo ipso die, quo
primùm Ara ibi Augusto dedicata
est.* Juvenal, Dion. Cassius, &
plusieurs autres Autheurs ont
parlé de cét Autel.

Les Temples & les Autels des
Anciens étoient destinez à trois
usages, aux Sacrifices, aux dépoüilles des Ennemis que l'on y
consacroit, & aux Oracles qui
s'y prononçoient. Ces trois choses firent les trois parties du Ballet. Les Sacrifices des peuples,
les dépoüilles des Ennemis, &
les Augures de la grandeur du
Roy.

L'Immortalité fit l'ouverture
du Ballet. Elle étoit vêtuë de
couleur Amarante, qui est la
couleur des Fleurs immortelles.
Sa Couronne étoit d'Estoiles,
qui sont les feux immortels. Son
Char etoit fait en Phenix, qui
est l'Oiseau immortel, & il étoit

tiré par les deux Ourſes Cele-
ſtes, qui ſont les deux Conſtellations, qui ne ſe couchent point
pour nous. La Vertu marchoit
devant elle, parce qu'elle eſt le
Guide le plus ſeur pour aller à
l'Immortalité, & la Gloire la ſuivoit comme la Recompenſe des
Heros, & l'Immortalité à laquelle ils aſpirent par leurs belles
actions. Elle fit ce Recit.

Il eſt temps d'avancer où la
    Gloire m'appelle
    Et les prodiges inouis
Des grandes actions de l'Auguſte
    Louis,
Veulent des preuves de mon zele.
    La premiere des Nations
Me demande un Autel où ſes ſoû-
    miſſions
Puiſſent paroître en ſes Victimes:
Il faut condeſcendre à ſes vœux,
Ses demandes ſont legitimes,
Et les Cœurs des François ſont di-
    gnes de mes feux.

Les

PREFACE.

Les quatre parties du monde firent la premiere entrée, dans le temple même de la Gloire, dont elles s'étonnerent de voir les ornemens negligez ; & les Images des Heros à demy effacées & en témoignerent de la douleur par une Danſe mêlée d'étonnement & de déplaiſir. La Religion, la Nobleſſe & la Juſtice qui repreſentent les trois Etats du Royaume, y apporterent un Autel, parce que c'eſt ſur ces trois fondemens que la Pieté eſt établie ſur les ſentimens de Religion, ſur les avantages de la naiſſance qui eſt un bienfait de Dieu que l'on doit reconnoître, & ſur la juſtice qui nous oblige à luy rendre ce que nous luy devons. C'eſt ſur ces mêmes principes que l'Authorité Royale eſt eſtablie, ſur la Religion, parce que c'eſt une Authorité qui vient de Dieu aux Souverains que nous regardons comme

i

ſes Images & des Divinitez viſi-
bles ; ſur la Nobleſſe dont le
Prince eſt le Chef êtant le pré-
mier Gentilhomme de ſes Eſtats,
& ſur la Juſtice dont il defend les
droits. Les quatre coins de cét
Autel ſe terminoient en têtes de
Lions, au lieu des têtes de Bel-
liers que les Anciens leur donnoient, les pieds ſur leſquels il
étoit affermi, étoient auſſi des
pates de Lion, pour faire alluſion à la Ville qui dreſſoit cés
Autel à l'honneur de Louis Auguſte. L'Amour fit la troiſiéme
Entrée danſant d'abord à pas
d'Aveugle, parce qu'il avoit ſon
bandeau ſur les yeux, aprés cette Danſe il fit ce recit.

Dure & cruelle loy qui me prive
du jour,
Souffre que l'Aſtre de la Cour
M'éclaire d'un Rayon ſorti de ſon
viſage :
Que me ſert mon Flambeau qu'à

me charger la main ?
De ce cœur genereux je cherche le
    paſſage
Et toûjours égaré , j'en manque le
    chemin.

Aprés ces Vers il s'arrache ſon
bandeau & pourſuit.

Mettons bas ce Bandeau pour
    connoître LOVIS.
Ha que mes yeux ſont éblouis
Des Eclairs que les ſiens repandent
    ſur la terre!
Tout tremble à ces regards qui font
    un ſi grand jour ;
Mais il faut qu'à la fin le flam-
    beau de la Guerre
Cede un peu de lumiere à celuy de
    l'Amour.

Ie luy veux immoler les cœurs
    de ſes Sujets ,
Ie borne là tous mes projets ,
Iuſqu'à ce qu'une Eſpouſe ait part
    au Diademe ,

PREFACE.

Les Graces & les Ris attendent ce moment,
Maintenant la Victoire est la beauté qu'il aime,
Et la Nymphe volage en a fait son Amant.

L'Amour, du feu de son flambeau, alluma celuy de l'Autel, en même temps toutes les Urnes des Heros, dont les Cendres reposoient dans le Temple de la Gloire, s'allumerent d'un nouveau feu, lorsque les Provinces du Royaume conduites par la Fidelité, apporterent leurs cœurs comme autant de Victimes destinées à l'Autel de Louis Auguste. La Fidelité les ayant receus de leurs mains, les immola elle-même, tandis que toutes ces Provinces dansoient autour de l'Autel à la maniere des Anciens. Des Vautours qui representoient les Guerres civiles, vinrent pour enlever ces cœurs sacrifiez, lors-

qu'un Lion ſortant de deſſous
l'Autel les mit en fuite, & ce fut
la cinquiéme Entrée, ce Lion
victorieux des Vautours, offrit
luy-même ſon cœur à la Fidelité,
pour en faire un Sacrifice à l'Autel de Louis Auguſte, mais à peine fut-il touché du feu ſacré, que
ſe changeant tout d'un coup en
une Couronne de Fleurdelys,
la Fidelité en couronna le Lion
couché au pied de l'Autel, pour
repreſenter le chef des Armoiries de la Ville de Lion qui eſt
d'Azur à trois Fleurdelys d'or,
ſur un Lion de gueules, dans un
champ d'argent. La Fidelité en le
couronnant recita ce Sonnet.

Fidele defenſeur des droits de la
  Couronne
Et genereux appuy du Trône des
  François,
Conſacre ta valeur aux Lys que tu
  reçois
Et conſerve le rang que la Gloire te
  donne.

Il faudra qu'à la fin la Revolte
abandonne
Les tragiques desseins qui renver-
sent mes lois,
Tandis que tu verras le plus grand
de nos Rois
Te couvrir des Lauriers que sa
main nous moissonne.
Il vient recompenser cette noble
fierté
Qui fait voir dans tes yeux ta ge-
nerosité
Tandis que de ton cœur tu fais une
Victime.
Immole donc ce cœur aux pieds
de cet Autel,
Louïs en acceptant un don si legiti-
me,
Te donnera le sien pour te rendre
immortel.

La Ville de Lyon vient estre
la Vestale de Loüis Auguste,
pour conserver le feu sacré de
son Autel, & fait ce Recit pour
commencer la sixiéme entrée.

PREFACE.

Ie dois ma premiere Origine
Au siecle glorieux des Cesars cou-
    ronnez
    Et tout les peuples étonnez
M'ont veu sortir deux fois d'une
    triste ruine.
    La querelle de deux Rivaux
    Devint la cause de mes maux ,
Leur fureur n'épargna ny Temple
    ny Portique ;
    Et par cette fatalité
    Il ne me reste plus d'antique
Que le gage eternel de ma fidelité.

Albin &
Severe.

La seconde partie pour les dépoüilles consacrées à l'Autel de Louis Auguste, fit d'abord paroître la Gloire assise sur un Trône dont toutes les marches étoient terminées par des Lions accroupis & veillans comme ceux du Trône de Salomon. Ce fut la Gloire qui fit le Recit.

Sortez de vos Palais , & quit-
tez vos Balustres

Idoles de la Majesté.
Venez apprendre icy de quelle au-
thorité
Se servent les ames illustres.
On cultive plus de Lauriers,
Dans les plaines de Mars, &
dans les champs guerriers
Que dans l'Oisiveté d'une Cour pa-
cifique;
Le fer a plus rendu de Princes im-
mortels,
Que l'or dont ils se font un orgueil
magnifique,
Et l'Encens qui noircit tous les jours
leurs Autels.
Ce n'est pas des Heros peints dans
leurs Galeries
Qu'ils apprennent à triompher,
Vn Roi doit preferer la poussiere
& le fer
Aux dorures des Tuilleries.
Les Combats de Fontainebleau
Et l'Ennemy vaincu dans un coin
de Tableau
Sont de belles leçons pour un Prince
en peinture:

Pour

PREFACE.

*Tout foible que je suis, je gronde
je tempête,
Pour peu que je sois irrité
Il n'est point de laurier qui ne
baisse la teste,
Ie suy vos étendards, je les enfle
souvent,
Vos ennemis jaloux admirent mes
souplesses,
Fiez-vous donc à mes promesses,
Quoi qu'elles ne soient que du vent,*

L'EAU.

*Vous voyez le fond de mon cœur,
Ie ne vous cele rien, mon ame est
toute claire,
Et bien que le dehors ne montre
que froideur,
Ie brûle incessamment du desir de
vous plaire.
I'offre à ce dessein tous mes bras,
Pour vous servir dans vos com-
bats,
Et je veux vous donner des preuves
de mon zele.
Ie vais faire pour vous de glo-*

rieux efforts,
Ie remuë, il est vrai, mais je suis
si fidele,
Que je garde un rempart lors mê-
me que je dors.

LA TERRE.

Pour moi je soûtiens vos Guer-
riers,
Et de tous vos Sujets vous voyez le
plus ferme,
Pour vous je m'épuise en lauriers,
C'est pour vous que la palme ger-
me.
Ie viens pour vous en couronner,
Mais je me plains souvent à l'a-
stre qui m'éclaire,
De voir que nous soyons plus tardifs
à les faire,
Que vos mains à les moissonner.

Des villes nouvellement con-
quises viennent chargées de chaînes au pied de l'Autel de Louïs
Auguste, où brisant ces chaî-

nes , elles en font des trophées,
& se réjoüissent d'estre soûmises
à ce Conquerant , faisant la seconde Entrée.

La Flandre & la Lombardie
échevelées , & en furie , ne peuvent souffrir de voir ces chaînes
attachées à l'Autel de Loüis Auguste , elles s'efforcent en vain
d'arracher ces chaînes , & de
renverser cét Autel , & n'en pouvant venir à bout elles ont recours à la fiévre , qui met les
quatre humeurs en querelle ,
ce qui fait fremir la fiévre &
trembler l'Autel à mesure qu'elles se battent, c'est ce qui fait la
troisiéme , la quatriéme , & la
cinquiéme Entrée.

La sixiéme Entrée fut celle de
la France languissante durant la
maladie du Roi , car les trois Entrées precedentes faisoient allu-
sion à la maladie dangereuse dont
il fut atteint au Fort de Mar-
dich aprés ses victoires , mais la

Jeuneſſe venant à ſon ſecours
chaſſa la fiévre , reconcilia les
humeurs, & rétablit les eſperan-
ces de la France , qui fit ce recit.

Heureux évenement qui contre
   mon attente
Retire du cercueil la Majeſté mou-
   rante ,
Tu diſſipes ma crainte & me
   fais reſpirer
En me rendant un Roi qui me fait
   reverer.
Ie ne voyois par tout que des
   palmes ſechées ,
Des lauriers demi morts , & des
   fleurs arrachées ;
La Gloire travailloit à lui
   faire un tombeau ,
Et le jour n'éclairoit que d'un tri-
   ſte flambeau.
Tandis que mon Heros d'un air
   doux & tranquille
Quittoit ſans s'émouvoir cette pom-
   pe fragile.
Et Monarque intrepide en ce der-

nier effort

Vainquoit ſes ennemis & défioit
la mort.

En ce moment fatal ce Heros
invincible

Demeuroit encor ferme & ſe ren-
doit terrible,

Sa vigueur défaillante animoit les
Soldats,

Donnoit le mouvement, & la for-
ce à leurs bras.

Eſtendu dans ſon lit ſans Sce-
ptre ny couronne,

Il conſervoit les droits que la Pour-
pre lui donne.

Rien ne pût l'ébranler, & ce Lys
abbatu

Tout pâle & languiſſant retenoit
ſa vertu.

Ainſi l'aſtre du jour void mou-
rir ſa lumiere

Sans manquer d'un ſeul pas à ſa
juſte carriere ;

D'un mouvement égal il marche à
ſon tombeau

Et void d'un œil ouvert éteindre

PREFACE.

son flambeau

Tandis qu'avec cent feux dans
la voûte celeste

La Nuit suit son cercueil sous un
voile funeste.

Ma Reine en ce moment cedoit à
ses douleurs,

Et l'Aurore jamais ne versa tant
de pleurs :

D'un regard languissant, d'une
lumiere sombre

Elle voyoit mon Roi qui n'étoit
plus qu'une ombre.

La Fortune en desordre & la
victoire en deüil

Pour un arc de triomphe élevoient
un cercueil.

Les drapeaux déployez, & les
piques baissées

Alloient bien-tost se joindre aux
armes renversées,

Et si l'on arrachoit des palmes aux
Flamans,

C'étoit pour couronner de tristes mo-
numens.

La Gloire d'autre part confuse

õ iiij

& gemiſſante

Survivoit à regret à la valeur
mourante,

Les Graces, & l'Amour pleuroient
ce Conquerant

Et tout dans la nature étoit mort
ou mourant.

Moi d'un torrent de pleurs, &
de larmes trempée

J'expirois en baiſant ſa main, &
ſon épée,

Quand le Ciel attendri le rendit à
mes vœux,

Et pour le conſerver employa tous
ſes feux.

Du cœur de mon Heros une flame plus forte

Sortit pour rallumer la pourpre déja morte,

Il reprit ſa vigueur & ce nouvel
effort

Son triomphe augmenta de celui
de la mort.

Graces aux Immortels cette ſeconde vie

De combien de ſuccez ſera-t-elle

ſuivie ?

Ie verrai ſa valeur malgré ſes
    ennemis
Le faire reſpecter par cent peuples
    ſoûmis.
    Autour de ce Heros cent Pro-
    vinces captives
Quitteront leurs lauriers pour pren-
    dre ſes olives
Tandis que je ferai des cœurs de
    ſes Sujets
Des victimes d'Amour, & des
    Trônes de Paix.

La ſeptiéme Entrée fut celle
de l'Addreſſe qui amena les Arts
pour travailler à ſa gloire, &
pour lui faire des Trophées des
dépoüilles des Ennemis.

La troiſiéme partie fit voir le
Soleil au ſigne du Lion, d'où il
invitoit le Roi à la Conqueſte
du monde par ce recit.

Monte jeune Louis au rang où
    tu me vois

Tes regards font un jour plus beau
que ma lumiere.
Et le monde va voir deux Soleils
à la fois
Si tu ne viens tenir une même car-
riere , &c.

Comme c'étoit la coûtume de faire des difcours , & des difpu-tes d'Eloquence devant l'Autel de Lyon confacré à Augufte, il fe fit devant celui-ci une difpu-te des quatre luftres de la vie du Roi, qui n'avoit alors que vingt ans , chacun prétendant à l'en-vi l'un de l'autre d'avoir eu les plus beaux évenemens. Le pre-mier Luftre qui étoit celui de fa Naiffance & des cinq premieres années de fa vie commença ainfi:

Qui vit jamais briller tant de
luftre à la fois?
La Nature épuifée à produire des
Rois
Pour former celui-ci prit des forces

nouvelles

Et sans plus travailler sur ses pre-
   miers modeles,
Surpassa son addresse, épuisa ses
   tresors
A former son esprit, à façonner
   son corps.
   Elle fit son berceau des palmes
     de son Pere,
Elle mit dans ses yeux les graces
     de sa Mere,
Et plaçant sur son front des Lys
     épanoüis
Ramassa tous les traits & d'Anne
     & de Louis.
   Iamais siecle ne vit une si belle
     image,
   La Nature elle méme admira
     son ouvrage,
Et tous les Dieux ravis d'un mi-
   racle si beau
S'en donnerent la gloire autour de
   son berceau.
   De la France en ce jour l'espe-
   rance remplie
Vit croistre son bonheur, & l'Es-

pagne affoiblie,
L'Aigle en jetta des cris, le Lion
en fremit,
Le Soleil devint pâle, } La Perse
& la Lune blèmit. } La Turquie
Quel temps a jamais vû des mar-
ques plus illuſtres
Du haut rang que je tiens ſur le
reſte des luſtres ?

Le ſecond Luſtre qui étoit ce-
lui de l'avenement à la Couron-
ne défendit ſes droits aprés ce-
lui de la Naiſſance, & dit.

La Naiſſance eſt un bien qui
n'eſt que fortuit,
Si de ce grand éclat la vertu n'eſt
le fruit.
Il faut une ame noble, un coura-
ge intrepide
Et le cœur d'un Heros pour en
faire un Alcide.
En ſes premiers eſſais mon Prin-
ce triomphant
A fait voir qu'un Heros n'étoit

jamais enfant.

Déja ses premiers pas le portoient à la gloire,

Quand pour le couronner & Mars
   & la Victoire

Enchaînerent l'Escaut, subjugue-
   rent le Rhin

Et d'un nouveau pays le firent Sou-
   verain.

   L'Espagne de deux parts si vi-
   vement pressée

Vit son ambition à demi renver-
   sée,

Et l'Empire ayant vû ses deux
   Aigles défaits

Par crainte ou par respect lui demanda la Paix.

Le troisiéme Lustre qui étoit
celui de la Majorité, parla à son
tour de cette sorte.

Par un mauvais Demon cette
   illustre Conqueste

Se vit presque arracher le laurier
   de la teste.

La Discorde insolente alluma son
flambeau,
Et ne fit de l'Estat qu'un funeste
tombeau.
Dans le sein de la France en
fureur déchaînée,
Ecumante de rage, errante & for-
cenée
Répandit son venin dans le cœur
des Sujets
Et fit en moins d'un jour de terri-
bles projets.
D'une effroyable voix & d'un
ton de tonnerre
Elle annonce par tout, elle corne
la guerre.
Tout fume de ses feux, tout pa-
roist embrasé,
En plusieurs factions le peuple est
divisé:
Le Trône est ébranlé, quand
Louis court aux armes
Et cueille des lauriers qu'il moüille
de ses larmes.
Mais les premiers rayons de sa
Majorité

Ramenerent le calme & la fere-
   nité.
Ce courage intrepide alla de ville
   en ville
Pour arrefter le cours de la guerre
   civile,
Et pour guerir les maux qu'un de-
   fordre avoit faits
Ie l'ai veu fous la tente autant
   que fous le dais.

Le quatriéme Luftre qui étoit
celui du Sacre, & des victoires
du Roi, ne douta point qu'il ne
dût l'emporter fur les trois autres, quand il dit:

Ces préfages font beaux, & ce
   grand appareil
Dans les fiecles paffez n'a rien vû
   de pareil,
Mais tous ces préjugez de grandeur & de gloire
N'approchent pas de ceux qui fui-
   vent la victoire:
Les ennemis défaits, & le fang

répandu

Font un tôrne plus haut du monde
confondu.

C'eſt de vous que Louis a receu la
couronne,

Et le pompeux éclat de l'or qui l'environne ;

Mais ce brillant éclat ne feroit
qu'un faux jour,

S'il n'avoit des rayons que pour lui-
re à la Cour.

Il faut qu'un Conquerant entre
dans la carriere,

Qu'il en ſorte couvert de ſang &
de pouſſiere,

Il doit dans les combats montrer ſa
fermeté

Et s'ouvrir le chemin à l'Immortalité.

J'ai veu ſortir des yeux de ce foudre de guerre

Des éclairs allumez & ſuivis du
tonnerre,

Et lançant des regards fiers & victorieux

Il porte aux ennemis le Soleil dans
les

PREFACE.

les yeux
Les ombres des Flamans errantes,
    & plaintives
S'efforçoient d'animer leurs troupes
    fugitives,
Quand mon Prince parut & dans
    un champ d'horreur
Fit ceder la clemence à la noble
    fureur.
    Le feu que l'huile sainte alluma
    dans son ame
Fit sortir de son cœur une nouvelle
    flame,
Qui portant son courage à d'illustres
    travaux
L'a déja fait paroiftre en des com-
    bats nouveaux
    Le feu clair & brillant qui dans
    ses yeux petille
Brave d'un seul regard les forces de
    Castille.
    Déja victorieux de la Rebellion
Il veut arracher l'ongle & la dent
    au Lion.
    A peine de Stenai la courtine
    ébranlée

ŭ

Souffre le châtiment de la foi violée

Qu'Arras contre l'Ibere implorant
son secours

Craint d'être enseveli dessous ses
vastes tours.

Il y court, il y vole, il void
toute l'Espagne,

De troupes, d'étendards inonder
la campagne.

La victoire l'y suit, & d'un
double laurier.

Couronne le Monarque & le jeune
Guerrier.

Depuis cette action les places les
plus fortes

Ouvrent à mon Heros & leurs
cœurs & leurs portes :

Et ce dernier Esté fait lui seul plus
de bruit

Que la Grece vaincuë, & l'Empi-
re détruit.

Ainsi n'attendez pas que je cede
la Gloire

Du plus haut rang d'honneur au
temple de Memoire.

Le Temps à venir pour decider

les differends de ces quatre Luſtres parla ainſi :

Ie viens pour decider le noble
differend
Qui vous a partagez pour un .Roi
Conquerant.
Déja ſous vingt Soleils ſes premie-
res années
Ont eu tout le ſuccez des grandes de-
ſtinées :
Mais ce commencement tout écla-
tant qu'il eſt
N'eſt que le premier pas de l'aſtre
qui l'a fait.
Il s'avance à la gloire avec plus
de lumiere ,
Il ouvre à ſa valeur une illuſtre car-
riere ,
Et l'Europe , & l'Aſie offrent à ce
Guerrier
Vne plus belle palme , un plus ri-
che laurier.
Tout le ſuperbe éclat dont il vous
environne
N'eſt qu'un premier brillant que ſa

gloire vous donne
Allez, cedez la place aux luſtres
à venir
Et de ces grands ſuccez gardez le
ſouvenir.

Les Fondateurs des quatre grandes Monarchies attirez par le bruit des Conquêtes de Loüis Auguſte viennent offrir des vœux à ſes Autels. Ils admirent ſes Trophées, & lui cedent les premieres places du Temple de la gloire. C'étoit la troiſiéme Entrée de la troiſiéme partie. Les Dieux qui jurerent autrefois la guerre contre les Geants ſur l'Autel qui fait maintenant une des conſtellations, vinrent jurer la paix ſur celui de Loüis Auguſte. Jupiter y laiſſa ſa foudre, Mars ſon épée, Neptune ſon Trident, tandis que la Paix ſe fit voir ſur l'Arc-en-ciel, & fit un recit. Des Payſans chaſſez de leurs cabannes par le malheur de la guerre cherchent un azile auprés de l'Autel de Loüis Augufte, où ils trouvent les gages de la paix & prenant les armes que les Dieux y ont laiffées ils en font des inftrumens d'Agriculture. Minerve la Deeffe de l'ancien temple de Lyon, & Apollon le Dieu des Sçavans viennent établir des Sacrificateurs pour recevoir les victimes que les peuples viendront offrir à l'Autel de Loüis Augufte. La Fortune Françoife y amena l'Herefie, & Mahomet enchaînez. Le grand Ballet fut l'Entrée des treize Loüis qui avec autant de couronnes vinrent eftre les témoins de la gloire de Loüis quatorziéme.

Ce fut ce Ballet qui m'engagea à rechercher les regles de ces reprefentations ; il me fit lire tout ce qu'Ariftote, Lucien, Plutarque, Platon, Libanius, Athenée, Julius Pollux, & quelques Modernes ont écrit par occasion sur cette matiere. Je ramassay en méme temps tout ce que je pûs trouver de Ballets dansez dans toutes les Cours de l'Europe, & j'en fis deux pour la reception des Magistrats de la ville de Lyon. L'un des Destinées de cette ville là tirées de son histoire, & des grands évenemens qui la composent, & l'autre du Temple de la Sagesse ouvert à toutes les Nations de la terre, à l'occasion du College de cette méme ville, fondé par les Magistrats.

Comme c'est sur les exemples & sur la pratique de plusieurs siecles que j'ai dressé ces remarques, je veux donner ici un Catalogue de tous les Ballets dont je rapporte en ce volume les sujets & la conduite.

TABLE

DES

BALLETS.

TABLE.

FIN DE LA TABLE.

TRAITE'

DES BALLETS

ANCIENS ET MODERNES.

OCCA-
SION
D'ECRI-
RE DE
CETTE
MATIE-
RE.

'E s t merveille que tant de Siecles qui ont si utile- ment travaillé à polir & perfectionner les Arts, nous ayent laissé jusques icy sans Regles & sans preceptes pour la conduite des Ballets. Ces spectacles où l'esprit, l'oreille & les yeux trouvent de quoy se divertir si agreablement, ne me-ritoient pas moins d'application que la Musique, la Peinture & la Poësie, ces trois admirables Sœurs, que tant de gens ont cultivées. Le Ballet est leur frere aîné, mais quoi qu'il ait toutes leurs graces, & toutes leurs perfections, il a tellement été negligé, que plusieurs encore au-jourd'huy, croyent qu'il n'est qu'une invention de pur caprice, où l'on peut faire entrer ce que l'on veut, tandis que d'autres à la verité moins hardis, mais aussi peu instruits que ceux là de la nature

A

de ces Representations , se persuadent
qu'il les faut regler sur la Pratique du
Theatre , & faire des Comedies à dan-
cer , & des Tragedies muettes pour faire
de justes Ballets.

L'erreur des uns & des autres est éga-
lement opposée à la pratique des Anciens, & à ce peu de preceptes qu'ils ont
plûtôt touchez par occasion, qu'ils n'ont
pris soin de les developper. Si cét Art
étoit si facile, en vain Lucien auroit de-
mandé tant de qualitez dans les faiseurs
de Ballets, en cette Apologie de la danse, qu'il fit contre un fâcheux de son
temps, qui en condamnoit l'usage. S'il
n'y faut que du caprice, pourquoi veut-
il que l'on scache la Poësie, la Musique,
la Geometrie, la Rhetorique, la Fable,
l'Histoire, & la Philosophie méme pour
y reussir? Que l'on ne m'allegue pas qu'il
s'est fait des Ballets ingenieux & conduits
avec jugement avant qu'il y eût des regles, & que d'en vouloir établir contre
la prescription de tant de siecles, c'est
vouloir géner aujourd'huy ce qui a toujours été libre, & imposer des loix fa-
cheuses à ce qui n'en eut jamais. Je répond à ce faux raisonnement, que pour
avoir de l'esprit, on ne laisse pas d'avoir
besoin d'art & de preceptes, & que pour

vingt ou trente de ces repreſentations qui
ont peut-être été conduites avec quelque ſuccez par des perſonnes éclairées &
de bon ſens, il s'en eſt fait une infinité
de monſtrueuſes, particulierement dans
les Provinces, ou le fin & le regulier ne
ſe trouve pas auſſi aiſement qu'à la Cour.
Tous les Arts à les bien prendre ne ſont
que le naturel, l'eſprit & le bon ſens mis
en preceptes, mais tous ne naiſſent pas
avec un naturel heureux, un eſprit vif
& penetrant, & un jugement aſſuré, qui
ne peut eſtre que le fruit d'une longue
expérience, & de pluſieurs reflexions.

Ceux qui ont pris l'autre parti, & qui
ont crû que les Ballets étoient des pieces
Dramatiques qu'il falloit regler ſur le
pied des Tragedies & des Comedies,
n'en ont pas connu les differences. Il eſt
vray que le Ballet & l'action du Theatre
ſont des imitations comme le reſte des
Arts, qu'un Ancien nommoit agreablement *les Singes de la Nature* ; mais
quelque rapport qu'on s'efforce de trouver entre ces repreſentations dont le ſujet
peut être commun aux unes & aux autres, comme Lucien a remarqué. Il en
ſera toujours comme de la Muſique, de
la Peinture & de la Poëſie, qui pour
eſtre ſœurs ne laiſſent pas d'avoir des

A ij

traits differents & des qualitez opposées.
Il y a plus de diversité & de changement
dans les Ballets , & s'il faut ainsi dire
plus d'erudition. Car au lieu que la Poësie pour se rendre plus reguliere , s'est
obligée à recevoir des preceptes plus res-
serrez quand elle s'est divisée en cinq ou
six especes differentes de Poësies Epic-
ques , Dramatiques , Lyriques , Satyriques & Elegiaques , le Ballet les embrasse toutes , & comme les habiles Peintres
mêlent des Ornemens de fantaisie aux
sujets d'Histoire qu'ils traittent , on fait
une Dance mêlée du serieux , & de l'en-
joué , du naturel & du capricieux , de la
Fable & de l'Histoire , & on assemble en
un dessein toutes ces especes de Poësies
pour faire un juste Ballet , comme on
verra plus clairement par la suite de ce
Traité.

Afin qu'on ne pense pas que d'authorité privée je vueille m'ériger en Maître,
& faire des Regles de Fantaisie pour un
Art qui n'en avoit point , je ne diray
rien de mon chef que ce que la raison la
plus severe peût avoüer de bonne foy.
Je tirerai de Platon, de Plutarque , de
Lucien, d'Aristote, d'Athenée, & des
vieux Scholiastes Grecs , tout ce qu'ils
ont écrit sur ce sujet, & à l'exemple du

Bramante, qui voyant que les beaux arts
étoient comme aneantis depuis l'Empire du grand Conſtantin , par les inon-
dations frequentes des Barbares , & la
ſtupidité de dix ou onze ſiecles ignorans,
ſe mit à prendre les meſures de toutes les
antiques d'Italie , & rétablit de leurs de-
bris & de leurs ruines , l'Architecture à
demi perduë en formant des deſſeins de
ces reſtes de bâtiments Grecs & Romains, je dreſſeray le Plan de mon ouvrage ſur la pratique de cinq ou ſix ſiecles
ſçavans , & ſur les ſentimens de tout ce
que la Grece a eu de plus ſpirituel en matiere d'inventions.

C'eſt la gloire de la France d'avoir
achevé de regler tous les beaux Arts.
Nous avons depuis vingt ans des diſſertations ſcavantes de la Pratique du Theatre , du Poëme Epique , de l'Epigrame ,
de l'Eglogue , de la Peinture , de la Muſique , de l'Architecture , des Armoiries,
des Deviſes , des Enigmes , des Emblê-
mes , de l'Hiſtoire & de l'Eloquence.
Toutes les ſciences s'expliquent en nôtre
langue , les Grecs & les Romains la parlent , & quelque ſpirituels qu'ils ayent
été, ils n'ont jamais eu des Ballets , ny ſi
juſtes , ny ſi ingenieux que le ſont quelques uns des nôtres. Je n'aurai donc qu'à

A iij

comparer le moderne avec l'Antique,
pourétablir les Regles des Ballets, & je
crois que prés de deux cent exemples de
ces representations faites depuis un siecle
dans toutes les Cours de l'Europe, joints
aux authoritez & aux exemples de la
Grece, pourront peut-étre un jour servir de Regle à ceux qui prennent plaisir
de travailler avec justesse, & de sçavoir
ce qu'ils ont à faire quand ils entrepren-
nent quelque ouvrage. Mon dessein n'est
pas de rendre tout le monde capable de
faire des Ballets. Il y faut de l'esprit &
du sçavoir qu'on ne sçauroit donner à
ceux qui n'en ont point. Les Arts ne
donnent ny le naturel, ny le genie, ils
les supposent comme un fonds qu'ils
doivent cultiver, & un Champ où ils
doivent jetter la bonne semence aprés
en avoir ôté les Epines & les Cailloux.

Dans ce dessein je me propose deux
choses, la brieveté & la Methode. Je
suis ennemi des Autheurs qui ne font de
gros Volumes, que parce qu'ils n'ont
pas loisir de les faire plus petits, comme dit agreablement un Ecrivain de ce
siecle. J'aime aussi l'ordre qui est l'ame de
de tous les traitez dogmatiques. C'est
pourtant cet ordre qui manque à une infinité d'ouvrages que l'on nous donne

tous les jours, par le peu de soin des Autheurs qui se contentent bien souvent de publier les chaleurs & les saillies de leur esprit sans les digerer pour les mettre dans l'ordre qu'il faudroit.

Ma methode est de commencer par la recherche de l'origine des choses, parce que je me persuade qu'on est bien aise de sçavoir d'où ces choses nous sont venuës. Il n'y a que les Ignorans qui admirent ce qu'ils voyent sans aller jusques à leurs sources. Les Sçavans cherchent ces sources, comme celles des grandes Rivieres dont ils veulent sçavoir le cours. Aprés ces Origines des choses, j'examine ordinairement les noms qu'on leur a donnés. Ces noms servent à les faire connoître, & sont comme les dispositifs des definitions, qu'il faut établir comme le fondement de l'art dont on veut donner les Regles. C'est le plan de l'edifice, ou il ne faut jamais errer, si l'on ne veut dans la suite faire des fautes irreparables. C'est voir en petit & d'un coup d'oeil un grand ouvrage, que d'en voir la definition, mais il n'en faut pas demeurer là Il en faut voir les parties une à une separément, & leur rapport avec le tout, les comparer avec les exemples, & les authoritez qui sont des

METHO-
DE.

A iiij

modeles feurs quand les uns & les autres viennent d'un bon fonds d'efprit,
de jugement, de fçavoir & d'experience. Il faut ces quatre chofes pour faire
des authoritez & des exemples receva-
bles.

Je rechercherai donc en ce difcours
l'origine de la Dance & des Ballets. Les
noms que les Hebreux, les Grecs, les
Latins & les Langues modernes leur ont
donnez. J'examineray enfuite la definition d'Ariftote aprés avoir donné les
fentimens de Platon, d'Athenée, de
Lucien & de Libanius. Et fuivant la
forme de la pratique du Theatre, qui
donne à fes reprefentations des parties &
de *qualité* & de *quantité*, comme les
nomment les Maîtres, c'eftà dire des
parties effentielles, & des parties inte-
grantes. Je traiteray des unes & des autres avec toute la netteté & tout l'ordre
qu'il me fera poffible d'obferver dans
ce fujet, où je fuis le premier à ouvrir
les voyes fur les veftiges des Anciens,
qui ne paroiffent prefque plus.

La Dance qui fait aujourd'huy le divertiffement des Peuples, & des perfonnes de qualité fut en fon origine une
efpece de myftere & de ceremonie. Les
Juifs à qui Dieu donna luy-méme les

Loix, & les Ceremonies qu'ils obſerve-
rent, l'introduiſirent dans leurs Fêtes,
& les Payens aprés eux la conſacrerent à
leurs Dieux. Enfin à la conſiderer en elle
méme, on peut dire qu'elle eſt de ces
choſes indifferentes que le ſeul uſage bon
ou mauvais peut faire approuver, ou
condamner. Aprés le paſſage de la Mer
Rouge, Moyſe & Marie ſa ſœur, pour
remercier Dieu de la conſervation de
ſon peuple, & de la defaite des Egiptiens
qui ſe noyerent en le pourſuivant, firent
deux grands Chœurs de Muſique ſepa-
rés, l'un d'Hommes, & l'autre de Femmes, & danſerent ſur l'air d'un Cantique qui fait le Chapitre quinziéme de
l'Exode, un Ballet d'Action de graces.
Un Poëte moderne a decrit elegamment
cette Dance au Livre ſixiéme de ſon
Poëme du Voyage de Moyſe.

Nunc igitur memores animos ad Car-
   mina mecum
Adjicite ; alternis ſubſultent caſtra cho-
   reis ;
Littora divinas referant ad ſidera laudes.
Sic fatus jubet in partes diſcedere turmas
Adverſiſque choris medius, geſtumque,
   modoſque
Dividit, & virga modulans præit Enthea
   verba.

Hæc postquam saltata Viris, modulataque
    Vate
Chironomo, paribus stimulis agit impetus
    idem
Hæbreas cantare nurus, Diamque Pro-
    næam
Tinnula concussis ad tympana psallere
    sistris.
Prosiluit sancto Mosis soror excita Phœbo,
Prætexta lambente pedes, cinctuque mo-
    desto
Castigante sinus: volat alto à vertice
    Sindon
Carbasina & Zephiros Zona retinente
    coërcet
Subtilesque tument tela pellentibus auris.
Cærula jam niveos compescit tœnia crines
Saltibus extremæ volitant per tempora
    vittæ.
Assultant digitisque pedes, pulsuque mo-
    ventur
Ora, pedes, digitique pari, non mollia
    cessant
Brachia, non humeri, aut cervix, à cor-
    pore toto
Vox sonat, & cunctis loquitur Simphonia
    membris.
Exiliunt paribus studiis examina matrum
Virgineaque greges, hæ sistra sonantia pul-
    sant

Hæ citharas & plectra movent, hæ nablia
    carpunt
Nec vultus torsisse pudor, casta omnia
    casti
Obsequii decorat pietas. Jocabethia
    virgo
Inchoat, & gestu cantum comitante fi-
    gurat.

Les Filles de Silo furent enlevées par les jeunes gens de la Tribu de Benjamin, quand elles dansoient par les Champs, pour la feste des Tabernacles, & ce furent les Anciens du Peuple d'Israël, qui leur conseillerent de se cacher dans les Vignes, & de les attendre sur le passage pour les enlever & les prendre pour femmes, puis qu'on les leur avoit refusées. David dansa devant l'Arche quand on la portoit de la maison d'Obededon en Bethleem.

Cæperuntque consilium atque dixerunt ecce solemnitas Domini estin Silo anniversaria. Ite & latitate in Vineis, cúmque videritis filias Silo ad ducendos choros ex more procedere, exite repente de vineis, & rapite ex eis singulis uxores singulas & pergite in terram Benjamin. Judic. cap. ultim. Joseph. lib. 5. lib. 2. Reg. c. 6.

Ce Monarque aussi sage, que Pieux en divers endroits de ses Pseaumes, invite le peuple à danser pour honorer Dieu. *Filii Sion exultent in Rege suo. Laudent nomen ejus in Choro, in Tympano, & Psalterio psallant ei. Psalmus* 149. *Laudate eum in Tympano, & Choro:*

Laudate eum in Chordis & Organo.
Pſeaume 150. La pluſpart des Interpretes
expliquent ces deux endroits de la Dance, & l'un des plus ſçavans en parle en
ces termes.

Exiſtimo in utroque Pſalmo nomine
Chori intelligi poſſe cum certo Inſtrumento,
Homines ad ſonum ipſius tripudiantes; &
tôt aprés il ajoute plus affirmativement
de tripudio, ſeu de multitudine ſaltantium,
& concinentium minime dubito. Ce qu'il
confirme par l'Authorité de pluſieurs
autres Sçavants, qu'il dit étre du méme
ſentiment.

Lorin. in
Pſ. 144.
v. 3.

Ce nom de Chœur eſt demeuré à cette partie de nos Egliſes, où nos Prêtres
chantent & font leurs Ceremonies. Il
étoit anciennement ſeparé de l'Autel &
élevé en forme de Theatre, fermé de
tous côtez à hauteur d'appuy, avec une
chaire ou haut Pupitre de chaque côté
pour chanter l'Epître & l'Evangile comme on peut voir encore aujourd'huy celui de l'Egliſe de ſaint Clement, & celui
de ſaint Pancrace, qui ſont les ſeuls qui
reſtent à Rome ſelon cette forme antique.

L'Eſpagne a retenu juſques à cette
heure l'uſage des Dances dans les Egliſes,
& en ſes Proceſſions aux jours les plus

folemnels , comme elle a pour fes fêtes
des Reprefentations de Theatre faites
exprés , qu'on nomme *Autos Sacramen-*
tales. La France femble avoir eu la même coûtume jufques au douziéme fiecle
auquel je trouve qu'Odon Evêque de
Paris en fes Conftitutions Synodales ,
commande expreffément aux Prêtres de
fon Diocefe d'en abolir l'ufage , & d'en
empécher la pratique dans les Eglifes,
dans les Cimetieres & aux Proceffions
publiques. *Prohibeant Sacerdotes ne fiant*
chorea , maxime in tribus locis , in Ecclefiis,
in Cœmeteriis & Proceffionibus. conftitut.
36 Il fe trouve dans des Chapitres de
vieux Titres de ces coûtumes que l'Innocence , ou l'Ignorance des premiers fiecles avoient introduites ou tolerées.

Pour les Payens, il eft certain qu'ils
firent de la Dance un Acte de Religion,
puis qu'ils danfoient autour des Autels
& des Images de leurs Dieux pour les
honorer. Lucien méme affure qu'il n'é-
toit parmy les Grecs , ny Fête , ny ceremonie parfaite , où la Danfe n'eut quelque part , & il ajoute que ce fut Orphée
& Mufée deux habiles faifeurs de Vers,
& excellens Danfeurs qui firent les premieres Chanfons à danfer dont on fe
fervit en ces Feftes.

ORDŌNANCES DE L'EGLISE CONTRE LES DANSES

Lucien *Dialogue* *de la Dã-* *fe.*

L'Abus que le Peuple de Dieu fit de la Dance autour du Veau d'or dans le Desert, commença à la rendre Criminelle, & il faut avoüer que les Payens l'ont soüillée de tant d'excés que les Peres & les Conciles ont eu raison de la condamner, & de la deffendre aux Chrétiens comme une action de mollesse, & une action scandaleuse de debauche & de libertinage. Il ne laisse pas cependant d'y avoir des Dances honnétes, qui sont des divertissemens indifferens, que l'on ne sçauroit condamner absolument sans vouloir porter les choses à des extremi-tés deraisonnables. Les Dances contre lesquelles saint Jean Chrisostome, & quelques autres Peres, ont declaré avec tant de chaleur, & contre lesquelles ils se sont si fortement declarez en leurs écrits, étoient ou des Dances Payennes insti-tuées pour le culte des fausses Divinités, ou les Chrétiens ne pouvoient se trouver sans Sacrilege, & sans dementir leur Re-ligion ; ou des Dances scandaleuses qui inspiroient le Vice, & la debauche par leurs representations honteuses, contre lesquelles les Payens ont eux-mémes de-clamé avant que les Peres & les Conci-les prononçassent Anatheme contre ces desordres ; mais il faut étre ou de mauvaise humeur, ou ignorant pour écrire comme ont fait quelques-uns, que c'est un crime à un Chrétien de danser. L'Ecriture Sainte n'est pas si severe que ces chagrins, elle n'en condamne que l'abus. Les dances faites autour du Veau d'or, & celles de la fille d'Herodias sont des dances criminelles qu'elle defend, mais celles des femmes Juifves au retour de Saül & de David, apres la défaite des Philistins, fut une dance innocente, que l'Histoire des Rois a remarquée comme une chose glorieuse à la memoire de David. *Cumque reverteretur percusso Philistæo David, & ferret caput ejus in Jerusalem, egressæ sunt mulieres de universis urbibus Israël cantantes, chorosque ducentes in occursum Saül Regis in Tympanis lætitiæ & sistris.* 1. *Reg. c.* 18. Aussi saint Gregoire de Nazianze ne reproche pas à Julien l'Apostat l'exercice de la Dance, mais les Dances Payennes. Au contraire, il lui dit fort sagement, s'il faut que tu danses aux réjoüissances publiques, dance tant que tu voudras, mais dance comme David dansa devant l'Arche, & ne danse pas des Dances dissolues, comme celles d'Herodias. *Si te ut læta celebritatis, & festorum amantem saltare oportet, salta tu quidem, sed non in-*

honestæ illius Herodiadis saltationem quæ Baptistæ necem attulit : verum Davidis ob Arcæ requiem. Dieu promet aussi à son Peuple par son Prophete Jeremie, qu'a-prés les peines de l'Exil fâcheux qu'il a souffert durant tant d'années, il rétablira non seulement Jerusalem, mais qu'il y remettra ses anciennes Fêtes, ses chants, ses Ceremonies, & ses Danses. *Rursum ædificabo te, & ædificaberis Virgo Israël, adhuc ornaberis Tympanis tuis, & egredieris in Choro Ludentium. Jerem. 31.* Aprés cela il n'est point de fâcheux, ni de severe tant soit peu raisonnable, qui ne soit obligé d'avoüer, que la Danse est pour le moins une chose indifferente, & que si elle peut estre criminelle, ce n'est que par la corruption des mœurs, & le libertinage de ceux, qui font d'un exercice honnête, une occasion de débauche & de dissolution, comme ils le peuvent faire quand ils veulent des choses les plus innocentes & les plus Saintes.

J'avoüe aussi, qu'il y a des états, des conditions & des âges, ausquels elle ne sçauroit convenir, quelque indifferente qu'elle puisse étre d'ailleurs. Il seroit ridicule de voir danser sur des Theatres des Docteurs, des Magistrats & des Vieillards qui doivent faire Profession

d'une

d'une vie grave & ſerieuſe. Ainſi je ne
m'étonne pas que les Romains ne l'ayent
pû approuver en leurs Senateurs, comme elle ne ſeroit pas ſupportable en nos
Magiſtrats. Socrate qu'on a loüé d'avoir
appris à danſer ſur la fin de ſes jours, &
qui s'en eſt loüé lui-mème, devoit faire
une aſſez mechante figure en cét exercice
de jeunes gens, & Platon méme ne me
paroît pas moins ſage d'avoir refuſé de
danſer aprés un Feſtin dont un Prince
l'avoit regalé, qu'Ariſtippe me ſemble
extravagant d'avoir quitté le Manteau
de Philoſophe pour danſer avec un habit d'Ecarlate.

L'Egliſe a eu encore plus de raiſon
d'en defendre l'uſage à ſes Miniſtres,
dont la Profeſſion auſſi ſerieuſe que ſain-
te, ne peut ſouffrir ces amuſemens indignes de leurs Caracteres & de leurs Fon-
ctions ſacrées. Un Prince qui ne feroit
autre choſe que danſer & monter ſur le
Theatre pour y jouer des Roolles, & ſonner des inſtrumens comme faiſoit Neron qui étoit plus ſouvent avec des
Bouffons & des Baladins, qu'avec ſes
Conſeillers d'Eſtat & ſes Miniſtres, feroit dans le monde un Perſonnage de
Comedie indigne de ſon caractere.
Mais on n'a jamais trouvé étrange que

B

de jeunes Princes danſaſſent , & dans
l'Iſle même de Crete, où furent les Le-
giſlateurs les plus ſeveres , les Princes du
Sang Royal , & toute la Nobleſſe prenoit ces divertiſſemens pour une eſpece
d'exercice. C'eſt pour cela méme, qu'Homere louë ſes Heros de leur addreſſe &
de leur agilité à la Danſe qu'il nomme
un exercice ſans reproche , particulierement la Dance armée & militaire , &
celle qui repreſente les plus beaux évenemens de l'Hiſtoire, de la Fable , & les
grandes actions , comme ſont la plus
part des Ballets qui ſe danſent dans les
Cours des premiers Princes de l'Europe.
C'eſt de ces Dances repreſentatives que
je traite en ce diſcours , & ce ſont celles
dont j'entreprens de regler la conduite ,
aprés que j'aurai recherché les ſentimens
des Anciens ſur l'origine de la Danſe en
general dont le Ballet n'eſt qu'une eſpece,
mais l'eſpece la plus parfaite.

  Lucien qui conſideroit l'exercice de la
Dance comme un acte de Religion , &
une partie du Culte que l'on rendoit de
ſon temps aux Divinités du Paganiſme,
dit à Craton qu'il prenne garde qu'il n'y
ait de l'impieté à vouloir condamner
une choſe ſi divine , & ſi miſterieuſe,
& qui a pour Autheur les Dieux mémes.

DANSES
RELI-
GIEUSES
DES
PAYENS

Vide ne parum pium , aut religiosum
fit in crimen vocare exercitium adeo divi-
num & mysticum , & cui colendo tanti
Dii navarint operam , quodque in illorum
honorem & cultum toties peragitur.

De ce discours de Lucien , on apprend
que les Anciens croyoient que les Dieux
dansoient , & qu'ils vouloient que l'on
dansât pour les honorer. Secondement,
que c'étoient eux qui avoient inventé les
Dances , & que pour ce sujet elles devoient estre mysterieuses. Quant au premier il est certain que la plus part des
Poëtes font danser les Dieux de la Fable.
Eumelus fait danser Jupiter chez
Athenée.

Saltat & in mediis hominum Pater, atque
Deorum. Pindare donne le nom de
Danseur à Appollon , & lui en fait un
titre d'honneur , qu'il joint à celui de
Pere de la lumiere , & d'Inventeur du
Carquois. *Saltator, splendoris ac venu-*
statis Rex Appollo instructe lata pharetra.
Virgile fait danser Diane sur les rives
de l'Eurote , & sur le mont Cynthien
avec les Nymphes des Montagnes.

Μέσσοι-
σιν δ' ὤρ-
χεῖτο
πατὴρ
ἀνδρῶν
τε Θε-
ῶντε.
Ὀρχησὰ
ἀγλα-
ίας ἀνά-
σσων ἐυ-
ρηφά-
ρετρ
Ἄπαλ-
λον.

   Qualis in Eurotæ ripis aut per juga
     Cynthi
Exercet Diana choros , quam mille secutæ

Hinc átque hinc glomerantur Oreades.

Apulée fait danfer Venus aux Noces
de Pfiché, & Horace la reprefente, qui
danfe au clair de la Lune avec les Nymphes & les Graces.

Horat. 1.
Odor. 4.   *Jam Cytherea choros ducit Venus immi-*
           nente Luna
Junctaque Nymphis Gratiæ decentes
Alterno terram quatiunt pede.

Bacchus danfa dans les Indes, Hé-
fiode fait danfer les Mufes autour de
l'Autel d'Appollon avant le lever du
Soleil. Les Nymphes des Fontaines danfent dans une Idyle de Theocrite, &
celles qui de Navires deviennent Nymphes de la Mer, au dixiéme de l'Eneïde,
danfent autour d'Enée.

     Chorus ecce fuarum
Occurrit comitum, Nympha quas alma
         Cybelé
Numen habere Maris, Nymphafque è
         Navibus effe
Jufferat: innabant pariter fluctufque feca-
         bant.
Quot prius ærata fteterant ad littora proræ
Agnofcunt longè Regem, luftramque
         Choreis.

Ce fut pour honorer ces Divinités que les Payens danserent autour des Autels, des Trepieds sacrez qui servoient aux Oracles & aux Sacrifices, & parce que ces Autels & ces Trepieds se posoient ordinairement dans de grands bois sous des arbres consacrez à ces Divinitez, les Latins donnerent à la Dance les noms de *Saltatio*, & *Tripudium* qui sont des noms derivez de ceux des Bois & des Trepieds. Les Indiens qui adoroient le Soleil, l'adoroient en dansant, & n'avoient point d'autre Culte de la Divinité. Aussi le faisoient-ils au coucher & au lever de cét Astre; comme s'ils avoient voulu imiter le branle & les mouvemens harmoniques qu'il observe en sa course. Les Persans ne croyoient pas qu'on pût étre initié dans les Mysteres sans la Dance & la Musique. A Delos on ne faisoit point de Sacrifices sans l'une & l'autre, & l'on y voyoit de jeunes garçons, où les Principaux menoient la Dance au son de la Flûte, ou de la Lyre. Et Virgile qui les decrit au 4. de l'Eneïde, met Appollon à la tête de ces Dances qui se faisoient à son honneur.

Delon maternam invisit Apollo
Instauratque Choros, mistique altaria
  circum.   B iij

*Cretesque, Dryopesque fremunt, pictique
Agathyrsi.*

Les Romains eurent des Prêtres Danseurs consacrez à Mars. Ils choisissoient
ces Prêtres parmy la Noblesse la plus illustre , & ces Prêtres Gentilshommes
dansoient armez à l'honneur de ce Dieu
Guerrier. On leur donna le nom de *Saliens*, à cause du Sel qui sautoit & petil-
loit sur les Autels du Sacrifice quand on
brûloit les Victimes , & de là quelques-
uns ont cru qu'est venu le Verbe latin
Salio, Salire qui signifie sauter & danser.
Micare qui signifie se remuer en fretil-
lant , vient aussi de *Mica salis*, & en
ces temps , où les Langues naissoient encore , on en formoit les termes sur les
rapports que les choses avoient les unes
avec les autres. Platon au deuxiéme livre
des Loix, dit qu'il y a des Danses diverses pour honorer les Dieux comme ils
ont divers Sacrifices. Les Satyres dansoient à l'honneur de Bacchus , & leur
Dance étoit peu honneste , parce qu'ils
ne dansoient guere qu'ils ne fussent
echauffez de Vin. La Dance des Curetes
étoit une Dance de fracas & de tumulte
pour representer celle qu'ils avoient faite
à la naissance de Jupiter , afin que Satur-

ne son Pere n'entendit point ses premiers cris, & ne le devorât pas comme ses autres enfans. Les Saliens étoient les Danceurs de Mars, comme j'ai dit, & leur Dance étoit guerriere. Celle qu'on faisoit pour Apollon étoit paisible, & se faisoit en rond pour representer son mouvement qui se fait de cette sorte. Enfin toute la Grece avoit trois especes de Chansons à l'honneur de ses Dieux, des Chansons de Procession, quand on conduisoit les Victimes pour les Sacrific s, des Chansons à danser autour des Autels durant le temps du Sacrifice, & des Stances qu'ils chantoient fermes, & sans se mouvoir quand les Sacrifices étoient achevez.

Erant Hymnorum genera tria, Prosodion, Hyporchema & Stasimon. Proso- dion supplicatio dicebatur cum Hymno, ubi Deos adirent, ac Sacrificium ad altare proferrent. Hyporchemata concinebant saltantes in altaris ambitu, ubi jam igni admota forent sacra. Mox autem cum quiescentes canerent, vocabantur stasima. Cælius Rhodiginus lib.

L'Origine de ce Culte & de cette ceremonie de Dance & de Musique vint de l'opinion des Pythagoriciens, qui croyoient que Dieu étoit un nombre, & une harmonie, c'est pour cela qu'ils Lucian. in visart Amb.

l'honoroient par des cadences mesurées,
pour montrer par cette sorte de Culte,
ce qu'ils croyoient qu'il étoit. Ils cru-
rent aussi que ce Dieu qu'ils adoroient en
dansant, les agitoit interieurement par
de certains tremoussemens qu'ils appelloient fureur sacrée. Ces mouvemens divins furent fréquens aux Prophetes qui
se sentoient inspirés, & mûs par une
puissance veritablement divine, comme
David quand il disoit. *Cor meum & caro
mea exultaverunt in Deum vivum.* Le
petit saint Jean Baptiste tressaillit dans le
sein de sa Mere de cette maniere. *Ut facta
est vox salutationis tuæ in auribus meis,
exultavit in gaudio Infans in utero meo.*
Et nôtre Dame fut aussi agitée d'un de
ces mouvemens divins, quand elle se
mit à reciter ce beau Cantique plein de
Saints Entousiasmes. *Magnificat anima
mea Dominum. Et exultavit spiritus meus
in Deo salutari meo.* Les Diables pour
tromper les Infideles, les agitoient quelquefois de semblables tremoussemens
que Platon attribue à quatre sortes de
Divinités, à Apollon, aux Muses, aux
Amours & à Bacchus. Ces agitations
diverses faisoient selon ce Philosophe
quatre sortes de Fureurs sacrées. La Pro-
phetique qui venoit d'Apollon ; la Poëtique

Psal. 83.

Luc. c. 1

tique des Muses, celle des Amans paſſionnez, des Amours & de Venus, &
celle des Bacchantes de Bacchus. L'Ecriture nous fournit des exemples de la premiere en cette femme, que Saül conſulta
pour évoquer l'ombre de Samuel, & en
cette Fille qui crioit aprés ſaint Paul &
Silas, qu'ils étoient les Serviteurs de
Dieu qui annoncoient le Salut. Elles
ſont appellées Pythoniſſes du nom de
Pythien, qu'on donnoit à Appollon depuis qu'il eut tué un grand Serpent dans
un lieu de ce nom. Seneque decrit ces
tremouſſemens en une de ſes Tragedies.

Incipit Lethæa vates ſpargere horrentes
comas & pati commota Phœbum.

Ovide s'attribue les tremouſſemens
que cauſent les Muſes, & la fureur Poëtique quand il dit

Eſt Deus in nobis agitante caleſcimus
  illo
Spiritus æthereis ſedibus ille venit

Virgile a decrit la fureur de Didon
cauſée par l'Amour, & la plus part des
Poëtes ont repreſenté celle que cauſe le
Vin.

Ces tremouſſemens obligeoient à danſer ceux qui en étoient agités, & de là
vinrent les Danſes ſacrées qu'on faiſoit
autour des Autels d'Apollon & des Tre-

C

1. Reg.
cap. 28.
Factum
eſt autem
euntibus
nobis ad
orationẽ,
puellam
quandam
habentẽ
ſpiritum
Pythonĩ
obviare
nobis &c.
Act. cap.
16.

Oedip.
Act. 2.

pieds facrez, celles des Satyres, & des Bacchantes qui furent diffoluës, celles des Poëtes inferées entre les Tragedies & les Comedies, celles des Noces des Dieux & des Heros decrites par Homere en fes deux Poëmes.

On peut auffi ajouter à ces quatre efpeces de Fureur que Platon à reconnuës la Militaire dont Martial & d'autres Poëtes ont parlé.

Elle eut fes Tremouffemens & fes Dances comme les autres, & Lucien veut que Caftor & Pollux ayent enfeigné ces Dances guerrieres aux Lacedemoniens qui n'alloient à la Guerre qu'en danfant au fon de la Flûte.

DANSES MYSTE-RIEUSES Ces Dances n'étoient pas feulement des Actes de Religion, elles étoient encore des Myfteres, parce qu'elles exprimoient les Caracteres des Divinitez pour qui elles fe faifoient. Les Dances des Bacchantes & des Satyres fe faifoient en tournoyant, & par des pas chancelans & dereglez pour exprimer les defordres & les troubles que le vin caufe dans le cerveau par les fumées qu'il y envoye quand on a bû outre mefure. On danfoit en rond autour des Autels d'Apollon pour exprimer le mouvement circulaire du Soleil. Les Dances Militaires se faisoient avec l'Epée , & le Bouclier dont les Danseurs se choquoient pour exprimer les Combats. Saint Isidore nous apprend que c'étoit comme pour couronner les Dieux qu'on dansoit en rond autour de leurs Images & de leurs Autels, mais il se trompe en l'Origine du nom de *Chœur* quand il le derive de celui des Couronnes, puisque c'est un nom Grec qui n'a nul rapport aux Couronnes.

Chorus est multitudo in sacris collectus, & dictus Chorus quod initio in modum Coronæ circa aras starent & psallerent.

Ces Mysteres des Dances n'ont pas été des Payens seulement. Les Juifs & les Chrétiens les ont receuës , & saint Gregoire de Nazianze dit clairement de celle de David quand on portoit l'Arche qu'elle étoit un Mystere , qui nous exprimoit la joye , & l'agilité avec laquelle nous devons aller à Dieu. Les Apôtres, les Martyrs, les Docteurs, & les Soldats Chrétiens qui ont combattu pour la Foy contre les Ennemis de l'Eglise sont comparez dans le Cantique des Cantiques à des troupes de Soldats qui dansent aprés le Combat. *Quid videbis in Sunamite nisi Chorus Castrorum ? Cant. 7. v. 1. Chori Castrorum sunt Cho-*

Greg. Naz. adv. Julian.

Cornelius à Lapide.

C ij

reæ , *tripudia & saltationes Militum triumphantium*, dit l'Interprete de ce paſſage qui l'applique enſuite à tous les ordres de l'Egliſe , qui ont le nom de Chœurs dans nos Hymnes. On fait dans un de ces Hymnes danſer les Innocens devant l'Autel avec des Palmes & des Couronnes.

Vos prima Chriſti Victima
Grex immolatorum tener
Palmis & Coronis luditis.

Les Vierges danſent dans un autre autour de l'Epoux ſacré.

Septus Choreis Virginum
Sponſus decorus gloria
Sponſiſque reddens præmia.

Le Pomeranche & le Guide ne ſont pas les ſeuls qui ayent fait danſer les Anges dans leurs Peintures de Rome & de Bologne. Saint Baſile leur donne cét exercice dans le Ciel , & nous exhorte à faire à leur exemple des Dances ſacrées en terre. *Quid itaque beatius eſſe poterit quam in terra Tripudium Angelorum imitari? Epiſt. 1. ad Gregor.* Il s'eſt auſſi trouvé des Philoſophes qui ont cru que ces intelligences n'avoient point d'autre ma-

niere de se parler que par des signes &
des mouvemens concertez en forme de
Danse. Aprés quoy il n'y a pas lieu de
s'étonner que Virgile fasse danser les
Manes & les Esprits dans les Champs
Elysiens au sixiéme de l'Eneïde.

A ces raisons tirées des Mysteres de
l'ancienne Theologie qui fit de la Dance
une espece de Culte & d'acte de Religion, joignons d'autres raisons tirées
des dispositions de la Nature qui demande que le corps s'agite pour se conserver, & se delasser quelquefois de ses
fatigues, & de ses travaux continuels,
aussi bien que l'esprit qui ne peut pas
toûjours étre appliqué à des choses serieuses.

Le divertissement n'est pas moins necessaire à l'esprit pour le delasser, que la
nourriture l'est au corps pour l'entretenir. C'est pour cela que Platon aprés
avoir formé l'idée d'une Republique
parfaite, veut que le Legislateur y intro-
duise des Fêtes & réjoüissances publiques, des Festins, des Dances, & des
Spectacles pour entretenir le Peuple &
delasser les Magistrats de leur application
assiduë aux affaires. Il dit que c'est pour
cela méme que les Dieux instituerent des
jours de Fête, afin que les Peuples pus-

LA
DANCE
EST UNE
ESPECE
D'EXER-
CICE.

C iij

sent joindre des divertissemens honnêtes
au culte qu'ils leur rendroient, & qu'ils
leur avoient envoyé Apollon, Bacchus,
& les Muses, pour leur apprendre à danser. Il a voulu nous enseigner sous cette
agreable Fiction que la Poësie, la Musique, les Dances, & les Festins sont les
choses les plus propres à delasser l'esprit,
& à remettre les forces du corps. Ce Philosophe ne les consideroit pas comme de
simples amusemens, il les jugeoit necessaires pour donner de la grace aux
actions, & à tous les mouvemens, &
parce que la raison est un bien, dont
l'homme n'a l'usage entier que quand il
a l'experience, & la connoissance des
choses que l'on n'acquiert qu'avec le
temps. Il vouloit qu'on donnât les premiers soins à regler le corps, & qu'avant
qu'on formât l'esprit par l'étude des
sciences, on apprit la Musique pour regler la voix, & la Dance, pour donner
à toutes ses actions un air noble & une
certaine grace qu'on trouve rarement
en ceux qui n'ont jamais appris cét exercice. Son raisonnement n'étoit pas moins
solide que judicieux, quand il disoit,
que le mouvement étant naturel à tous
les animaux que le sang & les esprits
agitent incessamment, la Nature avoit

pris soin de regler les actions des brutes qui ne peuvent agir que par instinct, & qu'elle avoit voulu que l'homme qui devoit suivre en sa conduite les impressions de la raison, ajustât luy-méme ses actions aux mesures de ses devoirs.

Il ajoute que la jeunesse étant ordinairement emportée parce qu'elle a un sang chaud, & des esprits de feu, il a fallu luy donner des inclinations à la Dance pour regler par la justesse de l'Harmonie ces saillies impetueuses qu'il seroit malaisé de retenir. Ainsi Platon consideroit la Dance comme un remede de la maniere de celui dont on se sert pour guerir ceux que les Tarentules ont mordus. Car comme pour faire sortir le venin qui s'est glissé dans leurs veines, on leur chante certains airs propres à échauffer le sang, & à ouvrir les pores pour pousser dehors ce Poison. La Dance sert à moderer quatre passions dangereuses, la crainte, la melancholie, la colere & la joye. La crainte & la melancholie, en rendant le corps leste, souple, leger & plus traitable, & les deux autres Passions, en addoucissant leurs saillies par des mouvemens plus reglez. Mais si la Dance est un remede à l'égard de ces passions, elle est naturelle à la joye qui est elle-méme

C iiij

une Dance & une agitation douce &
agreable qui se fait par l'effusion des esprits, lesquels se repandent du cœur
abondamment par tout le corps. C'est le
raisonnement de Platon.

Repassons sur les Pensées de ce Philosophe, & aprés avoir conduit son raisonnement par les voyes de la Philosophie, prenons en toutes les beautez d'un
autre sens, puisqu'on sçait que ce Philosophe plus poli que les autres, n'a pas
moins dans ses raisonnemens du beau &
du fin, que du judicieux & du solide.
Il dit que l'homme a un sens capable
d'ordre & de desordre, qui lui est particulier, & que les Animaux n'ont pas.
C'est ce sens qui fait la regle de nos mouvemens, & il lui donne le nom de nombre & d'harmonie quand il est reglé. Il
reconnoît qu'il est un present & une faveur des Dieux, que c'est par ce sens
qu'ils nous meuvent avec une delicatesse
de plaisir qui nous ajuste à leurs desseins,
& nous attire doucement quand ils nous
donnent le branle. Ne semble-t-il pas
que ce Philosophe nous considere comme des Luths accordez, sur lesquels de
sçavantes mains touchent les airs qu'elles veulent, la disposition de nos corps
est à peu prés de cette sorte, ils ont des

Nerfs, & des Fibres, des Muscles, &
des Tendons qui servent à l'Harmonie
de nos mouvemens, & le sens commun
de l'homme qui rectifie les Operations
des autres sens, est ce sens capable d'ordre, que les Dieux nous ont donné. Ce
sens regle nos mouvemens comme premier Agent de la raison, & quand il est
deconcerté, l'Ame qui faisoit auparavant avec le corps une juste Harmonie
d'Operations communes à l'un & à l'autre, ne produit plus rien de juste, & fait
voir tous les desordres qui peuvent naître
d'une imagination troublée. Il ajoûte
que la Dance sert à entretenir cette harmonie, qu'elle est née de leur union, &
que quand la raison repete à la memoire
ses Concerts, elle éveille cette harmonie
avec laquelle elle fait une Dance juste &
reglée de tous les mouvemens de l'homme. Ce raisonnement de Platon nous apprend que la Dance n'est pas seulement
un divertissement honnête, mais qu'elle
est une espece d'étude & d'application,
absolument necessaire pour regler nos
mouvemens. C'est en effet elle qui donne
un air noble & degagé à toutes les
actions, & une certaine grace qu'on voit
rarement en ceux qui n'ont pas appris à
danser. Les actions des Orateurs, les co-

remonies publiques , & l'exercice des armes demandent cette application pour acquerir cette souplesse de corps , cette addresse de mouvemens , & cette éloquence exterieure , que Ciceron & Quintilien ont si fort recommandée.

Athen. l. 10. c. 11.   Les Persans apprenoient en méme temps à monter à Cheval & à danser, jugeans cette exercice necessaire pour faire de bons hommes de Cheval. Je ne m'en voudrois pas tenir au jugement de Socrate , quand il disoit qu'il n'étoit point d'hommes plus propres à faire la Guerre , que les bons Danseurs , puis qu'apparemment il ne se connoissoit guere bien en Soldats. Mais Pyrrhus qui joignit cét exercice aux autres de la Milice , & les Ethiopiens qui se mettoient à danser dés que les Trompettes commençoient à sonner la marche , & qui tiroient en dansant , les Fléches qu'ils portoient autour de la tête en forme de Rayons , avoient connu l'utilité de cét exercice , pour rendre le corps plus souple & mieux disposé aux commandemens.

Les jeunes gens de Lacedemone , aprés avoir pris durant plusieurs heures, des Leçons de l'usage de la Lance , de l'Epée , de l'Arc , & des Fléches , finis-

soient ces rudes Leçons par celles de la
Dance pour se faire beaux hommes
d'Armes. Aussi tous les Heros ont dansé, Merion de Crete, Ulysse, Antiochus, Polysperchon, Philippe Pere d'A-
lexandre, le fameux Chef des Thebains,
Scipion, & quantité d'autres Princes &
excellens Capitaines.

Les Ballets n'ont pas la méme Origi- ORIGI-
ne que la Dance, car je ne veux pas avec BAL-
Lucien les faire aussi anciens que le LETS.
Monde, ny remonter comme lui au Bal
mesuré des Astres, & aux diverses con-
jonctions des Estoiles fixes & errantes,
pour dire que c'est du branle des Cieux,
& de leur Harmonie qu'a pris son origi-
gine, cét art qui s'est perfectionné avec
le temps.

Les Egyptiens qui furent des Sages
reglez jusqu'aux plus petites choses,
firent les premiers de leurs Dances des
hierogliphiques d'action, comme ils en
avoient de figurez pour exprimer leurs
Mysteres. Platon qui fut leur Disciple &
leur admirateur, ne put assez loüer l'esprit de celuy, qui le premier mit en Concert & en Dance l'Harmonie de l'Univers & tous les mouvemens des Astres,
& conclud qu'il devoit étre un Dieu,
ou un homme Divin.

Les Interpretes de Sophocle, d'Euripide, & d'Aristophane , nous ont découvert ces Mysteres que Platon n'a pas
expliqué. Ils disent que toutes les Dances que faisoient les Egyptiens , representoient les mouvemens celestes , &
l'Harmonie de l'Univers. Que c'est pour
cela qu'ils dansoient en rond autour des
Autels, parce que tous ces mouvemens
sont circulaires, & considerant ces Autels comme le Soleil placé dans le milieu
du Ciel , ils tournoient autour pour representer le Zodiaque, ou le Cercle des
Signes, sous lequel le Soleil fait son cours
journalier & annuel. Ce fut l'Origine
des *Strophes*, & des *Antistrophes* de l'ancienne Tragedie & des Odes de Pindare. Les Chœurs de ces Tragedies dansant en rond de droite à gauche , exprimoient les mouvemens du Ciel qui se
font du Levant au Couchant qu'ils appelloient *Strophes* ou tours. Ils se tournoient aprés de gauche à droite pour representer les mouvemens des Planetes
qu'ils nommoient *Antistrophes* ou retours. Aprés ces deux Danses ils s'arré-
toient pour chanter , & ces chants fixes
qu'ils nommoient *Epodes*, representoient
la fermeté & l'immobilité de la terre.

Le Ballet eut cette Origine mysterieuse & sçavante chez les Egyptiens , mais les Grecs qui le receurent d'eux en firent une Image des Evolutions du Labyrinthe de Crete , dont Thesée étoit sorti, Ils exprimoient ces Evolutions par des tours & des retours qu'ils nommerent *Strophes & Antistrophes* comme nous avons déja dit. Thesée introduisit luimême cette Dance , & l'enseigna aux jeunes gens de Delos qui la dancerent avec lui. On la nomma la Dance de la Grue , parce qu'ils se suivoient file à file en faisant leurs évolutions comme font les Gruës quand elles volent en troupe.

J'appelle ces Dances Ballets , parce qu'elles n'étoient pas de simples Dances comme les autres , mais des Representations ingenieuses , des mouvemens du Ciel & des Planetes , & des Evolutions du Labyrinthe , dont Thesée sortit. On attacha depuis les Ballets à la Tragedie , & à la Comedie , & ce furent les Chœurs que nous voyons entre les Actes des Tragedies d'Eschile , de Sophocle , & d'Euripide , & des Comedies d'Aristophane. Chœurs qui outre le chant & les Recits avoient des Dances figurées & de Representation , qu'Athenée nomme chants modestes & Dances philosophiques , parce que tout y étoit reglé , &

Plut. in Theseo.

qu'elles étoient la plus part des Allegories ingenieuſes. *Fuit eo ſæculo modeſtum
cantorum genus, & Philoſophica prorſus
morum integritate.* Ceſt ainſi que Dalechamp a traduit le texte d'Athenée,
mais n'en deplaiſe à Dalechamp, φιλοσό-
φων διάθεσιν ἐπέχον ſignifie autre choſe
que *Philoſophica prorſus morum integritate*, & veut dire *retinens diſpoſi-
tionem Philoſophorum.* C'eſt à dire, que
ce chant étoit accompagné d'une Dance
figurée ingenieuſe, & repreſentative des
choſes naturelles & Philoſophiques. Il
ajoute qu'Agamemnom donna pour
Eſcuyer à ſa Femme un de ces faiſeurs
de Ballets, afin qu'elle apprit ſous luy
tout ce qui peut ſervir à former le corps
& l'eſprit d'une perſonne de cette condition. Il lui repreſenta toutes les Vertus
des Femmes Illuſtres, & excita par ce
moyen dans ſon eſprit l'eſtime & l'a-
mour de la Vertu, & par ces divertiſſemens honnêtes, il éloigna de ſon eſprit
toutes les penſées d'intrigues.

Cette Reine fut ſage autant de tems
que ce Chantre vecut, mais à peine eut il
été tué par Egyſthe, qu'elle fut debau-
chée par ce Prince. Cét Autheur Grec
s'eſt ſervi d'un terme, qui ſemble être
l'origine du nom des Ballets quand il dit

ἐνέβαλλε τινὰ φιλοτιμίαν εἰς καλοκαγαθίαν.
parce que c'eſt du Verbe βάλλειν qui ſignifie jetter que l'on a fait le nom de la
Balle à joüer que Suidas nomme σφαῖραν
βαλλομένην Balle à jetter.

Et parce qu'on joüoit à la Paume en
danſant comme a remarqué le même
Athenée, c'eſt de la Balle qu'on a fait les
noms de *Bal*, *Ballet*, & *Ballade* de nôtre langue, le *Ballo* des Italiens, & le *Bai-*
lar des Eſpagnols. Ces mots même ont
paſſé juſqu'aux Latins, en des temps où
leur langue commençoit à ſe corrompre.
Le Concile de Brague dit, *Si quis bala-*
tianes ante Eccleſias fecerit, &c. Et celui
de Rome de l'an 826. *Ballando*, *verba*
turpia decantando, &c.

Bathyllus d'Alexandrie inventa les
Ballets des Tragedies & des Comedies,
& ſa Dance fut gaye. Celle de Pylade
fut plus grave, plus touchante & plus
pathetique. *Fuit Pyladis ſaltatio faſtuo-*
ſa, operoſa, movendis affeſtibus idonea,
Bathylli hilarior, ut quæ ſaltationi rité
geſticulationem corporis accommodaret.

Cette Dance figurée étoit un Tableau
fidele de tous les mouvemens du corps,
& une invention ingenieuſe qui ſervoit
à les regler, comme la Tragedie ſervoit
à rectifier les mouvemens des Paſſions

dont l'Ame peut estre agitée.

Defini-
tion des
Ballets.

Les Grecs qui ont écrit de la Danse, & qui firent tant de Ballets dont nous avons les sujets dans les entretiens d'Athenée, ont dit en general, que le *Ballet est une imitation des choses que l'on dit & que l'on chante.* C'est ainsi qu'en parle Athenée au Chapitre troisiéme du livre premier de ses entretiens, & Lucien en son Dialogue, dit à peu prés la méme chose sinon qu'il ajoute que c'est par les gestes, les mouvemens & les cadences que se fait cette imitation, comme elle se fait dans le chant par les inflexions de la voix. Platon qui a parlé de la Dance en general, & qui n'a traité du Ballet qu'en passant, & par occasion l'a plûtôt décrit, qu'il n'a pris soin de la definir regulierement. Mais Aristote qui est un Philosophe exact en toutes les choses qu'il traite, dit en parlant des Ballets en sa Poëtique, que ce sont les actions, les mœurs & les passions que l'on exprime en ces Dances figurées par les Cadences harmoniques, & les mouvemens reglez des gestes, des actions, & des figures. Tout l'Art des Ballets est fondé sur cette definition qu'il faut developer.

Le Ballet est une imitation comme les autres Arts, & c'est ce qu'il a de commun

mun avec eux. La difference est, qu'au-
lieu que les autres Arts n'imitent que
certaines choses, comme la Peinture
n'exprime que la figure, les couleurs,
l'arrangement ou la disposition des choses, le Ballet exprime les mouvemens
que la Peinture, & la Sculpture ne sçauroient exprimer, & par ces mouvemens
il va jusqu'à exprimer *la Nature des*
choses, & les habitudes de l'ame, qui
ne peuvent tomber sous les sens que par
ces mouvemens. Cette Imitation se fait
donc par les mouvemens du corps, qui
sont les Interpretes des Passions, & des
sentimens interieurs. Et comme le corps
a des parties differentes, qui composent
un tout, & font une belle harmonie,
on se sert du son des instrumens & de
leurs accords pour regler ces mouvemens, qui expriment les effets des Passions de l'ame. Ainsi si Eunapius a dit
agreablement que l'ame dansoit dans les
yeux parce qu'il est peu de passions qui
ne s'expriment par leurs mouvemens, Eunap.
& qui ne deviennent sensibles. Lesbonax in Chry-
de Mytilene appelloit les Habiles dan- sant.
seurs *les Sages de la main*, parce qu'ils
exprimoient par leurs gestes, les Mysteres les plus cachez de la Nature.

Quelques-uns ont crû que Hieron un

des Tyrans de Syracufe, donna occafion
à ces Dances figurées, parce que ce Prince foupçonneux ayant defendu aux Si-
ciliens de fe parler de peur qu'ils ne conf-
piraffent contre lui, les accoûtuma infen-
fiblement à faire entendre par des geftes,
des mouvemens & des figures, ce qu'il
ne leur étoit par permis de fe dire les uns
aux autres. Ce fut une addreffe de cette
forte qui obligea un Roy de Pont qui
étoit allé à Rome pour des affaires de demander à Neron qu'il lui donnàt un celebre Danfeur à qui il avoit vû exprimer
dans un Ballet fi naturellement les chofes qu'il crut qu'un homme qui avoit ce
talent, pouvoit lui fervir d'Interprete
par tout, n'ayant nul befoin des langues
pour s'expliquer & pour fe faire entendre à tout le monde. C'eft auffi ce qui fit
donner le nom de *Pantomimes* à ces
Acteurs, parce qu'il n'y avoit rien qu'ils
ne puffent reprefenter par ces imitations,
& le Prothée des Fables fi celebre par fes
changemens que les Metamorphofes
nous decrivent, n'étoit qu'un Danfeur
adroit, qui exprimoit comme il vouloit
l'action du feu, la viteffe de l'eau, & la
fureur des animaux, auffi bien que les
paffions, & les mouvemens de l'Ame.

Ceux qui ont étudié la nature de ces mouvemens de l'Ame, ont remarqué aprés plusieurs reflexions, que ceux qui font en colere, roulent les yeux, battent des pieds, jettent les bras, enflent les joües, grincent les dents, & font d'autres chofes femblables; que ceux qui font affligez, baiffent la tefte, croifent les bras, font immobiles quelque temps, s'arrachent les cheveux, fe dechirent, & puis font comme enfevelis dans leur triftefle. Ce font ces chofes que l'on doit imiter dans les Ballets, ce qui a fait dire à l'Abbé Teforo dans fon *Canocchiale Ariftotelico* qui eft une efpece de Commentaire fur la Rhetorique & la Poëtique d'Ariftote pour l'Elocution des infcriptions & des devifes, & pour l'Art des Symboles, que le Ballet eft une action metaphorique qui exprime les affections de l'ame & les actions exterieures de l'homme par fes geftes. *Il Ballo è metaphora attuofa fignificante col gefto, e col movimento gli affetti interiori, o l'efteriori attioni humane.*

Cette definition n'eft pas tout à fait jufte, en ce qu'il fait une disjonction des affections de l'ame & des actions exterieures que le Ballet doit exprimer conjointement. Ce ne font pas non plus les

seules actions humaines que le Ballet exprime , il represente quelquefois celles
des animaux , & l'on fait danser des Oiseaux , des Lions , & des Elephans, les
Arbres mémes , & les Rochers qui sont
d'eux-mêmes immobiles , & des estres
insensibles , à qui la Poësie & la Fable
sont en possession depuis longtemps,
d'attribuer des mouvemens, les faisant
les demeures & les retraites des Nymphes
des Bois, des Montagnes , & des Rivieres , & remplissant tout d'un esprit, qui
est comme l'ame du monde.

Il y a selon Platon deux choses à considerer en ces imitations, qui sont les
expressions des choses : qu'il en faut imiter la nature en exprimāt leurs proprietés
les plus essentielles , comme le mouvement , l'ardeur , la vitesse , le brillant, &
l'éclat du feu, avec la diversité des acci-
dens qui leur arrivent, ou qui peuvent
leur arriver, & qu'il faut que cela se fasse
avec tant de mesure , que cela n'ennuye
point, l'une des principales fins de l'imitation étant de donner du plaisir. C'est
ce qui rend l'imitation naturelle, & agreable, telle que la Poësie la demande. Et
c'est pour cela qu'Aristote , & aprés lui
tous les Maîtres de la Poëtique donnent
au Ballet deux sortes de parties. Des par-

ties qu'ils nomment de *Qualité*, & des
parties de *Quantité*. *Qui optimam Musam
quærunt*, dit Platon au second des loix
selon la traduction latine, *illam haud du-
bie quærere debent, non quæ jucundissima,
sed quæ rectissima. Imitationis autem recti-
tudo in eo versatur, ut id quod ad imitan-
dum est propositum ità exprimatur* QUALE
& QUANTUM *est. Id est prout postulat ip-
sius natura.* lib. 1. de legibus.

Le Ballet a donc des parties de qualité
& de quantité comme la Poësie a les
siennes. Quelques-unes de ces parties sont
les mémes pour la Poësie & pour le
Ballet, quelques autres sont differentes.

Parlons plus clairement s'il se peut, &
disons que comme il n'y a rien de sensi-
ble, qui n'ait sa matiere, sa forme & sa
figure qui naist de ses parties terminées
& enfermées en certain espace, ce sont
ces trois choses qui conviennent au Ballet. Sa matiere est son sujet. Sa forme,
l'invention qu'on lui donne, sa figure
se prend des parties qui le composent. La
forme fait les parties que nous appellons
de qualité, & l'étendüe fait celles de
quantité.

La matiere est le sujet que l'on se pró-
pose à representer dans un Ballet. Il doit
estre tel qu'il puisse causer l'admiration

D iij

& le plaisir , parce qu'il n'est fait que pour le divertissement qui demande l'un & l'autre. La grace de la nouveauté fait l'admiration , & la justesse de l'imita-tion , fait le plaisir.

Lucien qui a fait un Dialogue entier de la Danse , où il traite des Ballets, a pris soin de marquer un tres grand nombre de sujets. Voicy ce qu'il en dit.

Pour sa matiere l'histoire ancienne ou plûtôt la Fable lui en fournit suffisam-ment. Il faut donc qu'il sçache tout ce qui s'est passé d'illustre depuis le chaos & la naissance du monde jusqu'à la Reine Cleopatre, car cette science embrasse toute cette étenduë , mais il doit repre-senter principalement les Fables les plus celebres, comme Saturne , la bataille des Titans, la naissance de Venus, celle de Jupiter, le Larcin de sa Mere, la sup-position d'une pierre, la prison de Sa-turne, le partage des trois Freres, la re-volte des Geans, le larcin de Promethée, & son supplice , la formation de l'hom-me. Ensuite le mouvement de l'Isle de Delos, l'accouchement de Latone, le meurtre du Serpent, les embûches de Ticye, le milieu de la terre trouvé par le vol des Aigles , le Deluge de Deu-calion, l'Arche où furent conservées les

Reliques du Genre-humain, les pierres qui repeuplerent le monde, le demembrement d'Iacchus, la Fourbe de Junon, l'embrasement de Séméle, les deux naissances de Bacchus. Tout ce qui se dit de Minerve, de Vulcain, & d'Erichton, avec le different touchant le Pays d'Athenes, & le premier jugement de l'Areopage. Puis toutes les Fables de ce pays là, & particulierement les avantures de Cérés qui cherche sa Fille, l'Hospitalité de Celée, l'invention de l'Agriculture de Triptoleme ; Comme Icare planta le premier la Vigne, la calamité d'Erigone ; tout ce que l'on conte de Boreé & d'Orithye, de Thesée & de son Pere, l'enlevement de Medée, & sa retraite en Perse, les Filles d'Erechtée & de Pandio, & tout ce qu'elles ont fait & souffert en Thrace. Il ne faut pas qu'il ignore aussi ny Philis, ny Acamas, ny le premier ravissement d'Helene, ny l'entreprise de Castor & de Pollux contre la Ville d'Athenes, ny la mort d'Hippolite, ny le retour des Heraclides ; car tout cela est de l'Histoire d'Athenes, que j'ay détaché de son corps pour servir d'exemple. Aprés vient celle de Megare, Nysus, Scylla, le Cheveu de Pourpre, le passage de Minos, son ingratitude

en vers sa bienfactrice. Puis Citheron,
les Calamitez des Thebains, & des Lab-
dacides, le voyage de Cadmus, le Bœuf
qui se couche, les dents du Serpent, les
hommes qui en nâquirent, le changement de Cadmus en Dragon, la structu-
re des murs de Thebes au son de la Lyre, la fureur de l'Architecte, la vanité de
sa Femme, sa punition, son dueil, son
silence. Ensuite les Avantures d'Acteon,
de Penthée, & d'Edipe, Hercule & tous
ses travaux avec le meurtre de ses enfans.
Corinthe ne manque pas aussi de sujets.
Glauque, Creon, & devant eux Bellerophon, & Sthenobée, le combat du Soleil & de Neptune, la fureur d'Athamas,
la fuite des Enfans de Nephelé par l'air
sur un Belier, la reception que font les
Dieux Marins à Inon, & Melicerte.
Aprés l'Histoire des Pelopides; Mycenes
& tout ce qui s'y passe, & auparavant
Inacus, Io, Argus, Atrée, Thyeste,
Europe, la Toison d'or, les Nopces de
Pelops, le meurtre d'Agamemnon, le
supplice de Clytemnestre; & plus haut
encore l'entreprise des sept Princes contre
Thebes, le recüeil qu'on fait aux Gen-
dres fugitifs d'Adraste, l'Oracle qui fut
rendu sur leur sujet, la sepulture des
Morts interdite, & pour cela la mort

d'Antigone

d'Antigone & de Menecée. Ce qui s'est
passé à Nemée, Hypſipile, & Atche-
more, & avant tout cela la Priſon de
Danaé, la naiſſance de Perſée, le Combat qu'il eut contre la Gorgone, à quoy
eſt attachée l'hiſtoire d'Ethiopie, Caſ-
ſiopée, Andromede, Cephée, que la
credulité des hommes a placez dans le
Ciel aprés leur mort. Il n'ignorera pas
auſſi l'hiſtoire des deux freres Danaüs,
& Egyptus, & le Mariage frauduleux
de leurs enfans. Lacedemone a les
amours d'Hyacinte, où Zephire eſt
Rival d'Apollon, le Meurtre de ce
beau Fils d'un coup de Pallet, la Fleur
iſſuë de ſon ſang, & les caracteres de
douleur qu'elle porte empraints, la Re-
ſurrection de Tyndare ſuivie de la colere de Jupiter contre Eſculape, le
voyage de Pâris depuis le jugement des
trois Déeſſes, l'accueil qu'on lui fit
chez Menelaüs, le Raviſſement d'Helene. Car l'hiſtoire de Troye eſt jointe
à celle de Sparte, & fournit de ſoy une
ample matiere, puiſque tous ceux qui
s'y ſont trouvez peuvent faire chacun
un ſujet à part, que le Pantomime doit
avoir preſent comme j'ai dit à ſa memoire, & particulierement ce qui eſt
arrivé depuis le raviſſement d'Helene

uſqu'au retour des Grecs , comme
l'amour de Didon , & les erreurs d'E-
née. La fable d'Oreſte n'eſt pas éloignée de ce ſujet , & ſon avanture chez
les Scythes, n y ce qui eſt arrivé auparavant : je veux dire la demeure d'A-
chille parmi des filles en l'Iſle de Scy-
re , la folie ſuppoſée d'Uliſſe avec l'a-
bandonnement de Philoctete. Toutes
les erreurs de ce Heros , Circé , Ca-
lypſo , Telegone , Eole , & ſes vents ,
avec le reſte juſqu'à la mort des galands de Penelope , & devant cela
les embûches dreſſées à Palamede , la
colere de Nauplion , la fureur d'Ajax,
& le naufrage de l'autre du méme nom.
L'Elide auſſi n'en fournit pas moins ,
Enomaus ; Myrtile , Saturne , Jupiter,
les premiers Athletes des jeux Olympiques ; mais il y a une grande moiſſon de fables en Arcadie , la fuite de
Daphné , la vie ſauvage de Caliſto depuis ſa groſſeſſe, l'yvrognerie des Centaures , la naiſſance de Pan , les amours
d'Alphée & ſon voyage ſous mer en
Sicile. Paſſant en l'Iſle de Crete nous
y trouverons Europe, Paſiphaé , les
deux Taureaux , le Labyrinte , Ariadne , Phedre , Androgée , Dedale , Icare , Glaucus, la Prophetie de Polyide,

Tale ce gardien d'airain de l'Ifle. En Etolie on trouve Althée, Meleagre, Atalante ; Dale, le combat d'Hercule contre le Fleuve Acheloïs, la naiffance des Sirenes, l'origine des Ifles Equinades, & leur habitation, lorfque la fureur d'Alcmeon fut paffée, Neffe, la jaloufie de Dejanire fuivie de l'embrafement d'Hercule fur le mont Oeta. La Thrace vient aprés avec Orphée & fa mort, fa tefte parlante, & nageante fur fa Lyre, Hemus, Rhodope, le fupplice de Lycurgue, puis la Theffalie qui a encore plus de fujets, Pelias, Jafon, Alcefte, la Flotte des Argonautes, Argos, & fa carene parlante, les avantures de Lemnos, Æté, le fonge de Medée, le démembrement de fon frere, & le refte de fes traverfes, puis Laodamie & Protefilas. Si vous repaffez en Afie vous rencontrerez Samos, & l'infortune de Polycrate, les erreurs de fa Fille vagabonde jufqu'en Perfe ; fans parler des Fables plus anciennes, comme le babil indifcret de Tentale, l'épaule de Pelops fervie aux Dieux en un Feftin, au lieu de laquelle ils en remirent une d'yvoire. En Italie l'Eridan, Phaëton & fes fœurs changées en Arbres, qui diftillent l'Ambre. Delà en Afri-

E ij

que les Hesperides, & le Dragon qui
garde les pommes d'Or, la Fable d'Atlas. Puis en Espagne Gerion, & l'enlevement des Bœufs d'Erythie. En Phe-
nicie, Myrrha, & la mort d'Adonis.
Il faut que le Pantomime sçache aussi
toutes les Metamorphoses, & les changemens en fleurs, en arbres, & en bestes,
& ceux des Femmes en hommes comme
de Ceneé, Tiresias & d'autres. Il ap-
prendra même les histoires plus recen-
tes, tout ce qu'Antipater & Seleucus
entreprirent pour l'amour de Stratoni-
ce. Quant aux mysteres cachez des
Egyptiens, il tâchera aussi de les faire
connoître par gestes, Epaphus, Osiris,
& le passage des Dieux dans le corps
des Animaux, mais particulierement
leurs Amours & leurs Metamorphoses,
Ensuite toute la Tragedie des Enfers,
le supplice des mechans & la cause de
leurs peines, l'amitié de Thesée & de
Piritoüs conservée jusque là. Enfin
tout ce qu'ont inventé Homere, He-
siode, & les autres Poëtes, & principalement les Tragiques. Voila un petit
Abregé d'une moisson infinie pour ne
rien dire des sujets nouveaux qu'on peut
inventer. J'ay vû plus de cent Ballets
sur ces sujets proposez par Lucien.

Le sujet des Ballets se prend donc dans l'Histoire & dans la Fable, ou depend de l'invention, & du caprice de celuy qui en est l'Autheur, c'est ce qui fait trois sortes de sujets, Historiques Fabuleux & Poetiques.

Les sujets Historiques sont les actions de l'Histoire que l'on represente en Ballets, comme le Siege de Troye, le secours de Rhodes, la Prise de Thebes, Athenes bastie, l'education d'Achille, les Victoires d'Alexandre, &c.

La Fable a fourni une infinité de sujets à ces representations. Le Jugement de Pâris, Niobé, les Metamorphoses d'Acteon, de Narcisse, & les Nopces de Pelée & de Tethys, le Labyrinthe de Crete, la naissance de Venus.

Les Poëtiques sont les plus ingenieux, parce qu'il y a plus d'invention, tels sont les Amours deguisez, l'Amour malade, les moyens de parvenir.

Ceux cy sont de plusieurs especes, il y en a qui expriment les choses naturelles, comme les saisons, la Nuit, le Temps, la Vendange, les Aages, & d'autres sont des enseignemens moraux comme les moyens de parvenir, les Proverbes, les plaisirs troublez, les

Incurables, les Aveugles, la Mode, la
Curiosité, les Jeux.

D'autres, font de pur caprice, comme le Château de Bisestre, le Ballet des
postures; d'autres font des expressions
naïves de certains évenemens, ou de
certaines choses, comme elles se prati-
quent dans le monde. On a fait de cette sorte les Crieurs de Paris, la Foire
saint Germain, les Petites-Maisons, les
passe-temps du Carnaval. Enfin il n'y a
rien dans la Nature, dans la Fable, dans
l'Histoire, dans les Romans, dans les
Poetes, & dans le caprice, que l'on ne
puisse imiter sous des figures naturelles,
feintes ou allegoriques.

Le Ballet demande unité de dessein,
afin que tout s'y rapporte à un même
but, mais il ne demande pas comme la
Tragedie unité d'action, ny unité de
temps, ny unité de lieu, puis qu'on
peut faire un Ballet des Crieurs de Paris dont l'action n'est pas la même, des
saisons qui ne font pas d'un même
temps, & des diverses parties du monde, qui ne font pas d'un même lieu.

Le Poeme Epique se propose le recit d'une action illustre qui puisse faire
paroître la Vertu d'un Heros, & instruire ceux qui aspirent à la même gloi-

ré. La Tragedie represente le changement de fortune des personnes du premier ordre pour exciter la crainte, &
la compassion dans les esprits, ou pour
les preparer à tous les evenemens de
l'une & l'autre fortune. L'un & l'autre
demande un certain espace de temps,
qui n'est que de vingt quatre heures
pour la Tragedie, & qui peut estre de
plusieurs années pour le Poeme Epique;
parce que le changement de fortune est
d'autant plus merveilleux, plus terrible, & plus surprenant qu'il est plus
soudain, au lieu qu'une grande action,
comme est celle qui peut servir de sujet
à un Poeme, ne se fait pas tout à coup,
il faut s'y preparer, & conduire comme par degrez une entreprise qui doit
faire un Heros. Le Ballet qui ne se propose que le plaisir dans les Representations justes, sçavantes, & naïves, demande plus de varieté, & ne souffre
pas ces contraintes.

Il a neantmoins ses parties de qualité
comme la grande Poesie Epique & Dramatique, & ses parties de qualité, ou
ses parties essentielles, & ses parties in-
tegrantes.

L'Invention, ou la forme du Ballet
est la premiere des parties essentielles, Invention du
Ballet.

E iiij

c'eſt la conduite de tout le ſujet , les *Fi-gures* ſont la ſeconde , *les Mouvemens* la troiſiéme , *l'Harmonie* la quatriéme , *la Decoration* la cinquiéme , ſous laquel-le ſont compriſes les machines qui ſont une partie de la beauté des Ballets.

Il y a des ſujets de ballet qui offrent naturellement d'eux-mêmes toute leur invention , comme le Ballet du Jeu de Cartes , ou les quatre Rois , les quatre Dames , les Vallets , les As , &c. Les Piques , les Trefles , les Cœurs , & les Quarreaux fourniſſét toutes les entrées. Les plus ſpirituels ſont ceux qui ſont Poetiques , Allegoriques , & Moraux , dont voici quelques exemples.

L'an 1653. le dernier jour du Carna-val , on danſa à Turin dans la Cour du Duc de Savoye un Ballet , dont le ſujet étoit le Griſdelin , qui étoit la cou-leur de Madame Chétienne de France , Ducheſſe de Savoye. Ce ſujet paroît d'abord aſſez ingrat pour le Theatre , mais l'invention dont ſe ſervit Mon-ſieur le Comte Philippe d'Aglié , Au-theur de ce Ballet , le rendit l'une des plus agreables repreſentations que l'on ait encore faite. Il feint que l'Amour qui a toûjours un Bandeau ſur les yeux , s'ennuyant d'être ainſi comme aveu-

gle dans le monde, appelle la Lumiere à
fon fecours , & la prie de fe repandre
fur les Aftres, fur le Ciel, fur l'Air,
fur l'Eau, fur la Terre, & generalement
fur toutes chofes, afin que leur donnant
un nouvel éclat , & mille beautez differentes par la varieté des couleurs , il
puiffe choifir celle qui lui agréera le
plus. Junon qui eft la Deeffe de l'Air,
pour fatisfaire les defirs de l'Amour,
envoye Iris fa Meffagere, étaller dans
l'Air fes couleurs en plufieurs bandes.
L'Amour confidere ces couleurs , &
choifit le Grifdelin comme la couleur
la plus belle & la plus parfaite, & veut
qu'elle fignifie un Amour fans fin, fai-
fant de cette couleur la Devife de cét
Amour conftant qui perfevere toûjours.
Il ordonne en même temps que les
Campagnes en parent les Fleurs, que
les Pierreries en brillent , que les Oifeaux la portent en leur Plumage , &
que l'on en faffe dans le monde les Ornemens des habits. Voila ce qui s'appelle l'invention ou la forme de ce Ballet , dont le fujet eft le *Grifdelin.* Il y a
de l'efprit dans la conduite de ce deffein,
comme il y en a dans l'intrigue d'une
Tragedie & d'une Comedie, dont une
action eft le fujet, & l'intrigue la con-

duite du sujet, à qui les Anciens ont donné le nom de Fable, se servant d'un mot équivoque pour distinguer ce que la Poesie a de plus essentiel, parce que cette intrigue est comme les anciennes Fables, une Fiction ou une invention de celui qui la conduit.

Entre les Ballets Moraux, il ne s'en est guere fait de plus plaisant que celui de 1634. pour le jour de la naissance du Cardinal de Savoye. Le sujet de ce Ballet étoit la Verité ennemie des Apparences, & soutenüe du Temps. *La Verità Nemica della apparenza sollevata dal Tempo.*

Ce Ballet commença par un Chœur de faux bruits, & de soupçons, qui precedent l'Apparence & les Mensonges, Ils étoient representez par des personnes vétües en Coqs & en Poules, qui chantoient un Dialogue moitié Italien, & moitié François, mêlé du chant des Coqs & des Poules.

Sù gli albori matutini
Cot, cot, cot, cot, cot cantando
Col cucurrir s'inchini
E bisbigli mormorando
Fra i sospetti, e frai Rumori
Cù, cù, cù, cù, cù, cù, cù.

Salutiam del novo sol gli almi splendori

Les Coqs répondent.

Faisant la guerre au silence
Cot, cot, cot, avec nos chants
Cette douce violence
Ravit les Cieux & les champs
Et nôtre inconstant hospice
Cot, cot, cot, cot, cot cone
Couvre d'apparence un subtil artifice.

Aprés ce chant des Coqs & des Poules, la Scene s'étant ouverte, on vid sur un grand Nuage accompagné des Vents l'Apparence avec des Aîles, & une grande queue de Paon, vétuë de quantité de Miroirs, laquelle couvoit des œufs, d'où sortirent les Mensonges pernicieux, les tromperies, & les fraudes. Les Mensonges agreables, les flatteries, & les Intrigues, les Mensonges bouffons, les Plaisanteries, & les petit contes.

Les Tromperies étoient vétuës de couleur obscure avec des Serpens cachez parmy des fleurs. Les Fraudes vêtuës de rets en Chasseurs rompoient des Vessies en dansant. Les Flatteries étoient vétues en Singes, les Intrigues en Pescheurs d'Ecrevisses avec des Lanternes à la main & sur la tête. les Mensonges ridicules étoient representés par des gueux, qui contrefaisoient les estropiez avec des jambes de bois. Le Temps ayant chassé l'Apparence avec tous ces Mensonges, fait ouvrir le nid sur lequel l'Apparence couvoit, on y void une grande Horloge à sable d'où le Temps fait sortir la Verité, & rappellant les Heures, elle font avec elle le grand Ballet.

De Natali Romæ. Od. 2. Metellus en l'Ode seconde qu'il a faite pour la naissance de Rome a fait le Caractere des Ballets & des Actions en Musique en deux strophes, où il dit.

Fabula vivunt, & agunt, loquuntur,
Quidquid unquam vixit, ibi resurgit,
Insuper quæ nulla fuere frustrà cogunt
vivere.

Voilà trois sortes de sujets. Les sujets tirez de la Fable.

Fabula vivunt, & agunt, loquuntur.
Les sujets empruntés de l'Histoire.
Quidquid umquàm vixit, ibi resurgit.
Les sujets inventés à plaisir.

*Insuper que nulla fuere fruftr à cogunt
vivere.*

Voici la conduite de ces pieces.

*Inftruit fcenas imitando gefta
horrido perfona tremenda vultu
Acta verbis , verbaque difcut actis
   Confimilare.*

Il y a décoration , imitation des
chofes faites , mafques , habits , paroles , geftes , & Pantomimes. C'eft
ce que difent ces quatres derniers
vers.

La conduite du Ballet peut être une
efpece de Roman , comme ceux des
Amadis , des Chevaliers du Soleil ,
de Primaleon. &c C'eft ce qui fait
que l'Ariofte a fourni un grand nombre
de fujets de Ballets , danfez en France
& en Italie depuis un fiecle, parce que
le deffein de fon Poëme n'ayant point
l'unité d'action que demande la Poëfie
narrative , il s'eft propofé de décrire
en vers tout ce qui peut fervir naturellement de fujet aux Ballets , Mafcarades , Caroufels , & autres divertiffemens.

Le Donne , i Cavalier , l'Arme , gli

A moti,
Le Cortesie, l'Audaci imprese Cio cante.

Angelique , Renaud , Armide ,
Medor, Rodomont, &c. font les fujets
qu'on a tirez de ce Poëme pour les reprefenter en Ballets fur les Theatres.
On peut faire le même des autres
Poëmes. Enée & Didon de l'Eneide
de Virgile , & la plûpart des Epifodes
qui compofent ce beau Poëme peuvent fournir des fujets de Ballets ,
comme ils font depuis long-temps celui des Tapifferies & des Peintures.

L'an 1628. Les Penfionnaires du
College de la ville de Rheims danferent un Ballet en réjoüiffance de la re-
duction de la Rochelle dont le deffein
en forme de vieux Roman étoit la
Conquête du Char de la gloire par le
grand Theandre. En voici l'argument.

Les Geans de la Tour noire fe fiant
à la force de leurs charmes firent publier un cartel plein de vanité , par
lequel ils invitoient tous les Chevaliers
errans à la conquête du Char de la gloire.
Lindamor defirant de châtier l'infolen-
ces de ces Sauvages fait une partie avec
trois de fes amis pour les aller combattre. La Tour noire étoit remplie

de charmes, & il n'y avoit nul moyen
de l'ouvrir qu'avec le son d'un cor enchanté que les Geans avoient attaché
à la porte. Lindamor le sonne , les
Geants sortent sur lui & sur ses compagnons , & la partie n'étant pas égale,
Lindamor est contraint de se retirer ,
& de laisser ses compagnons entre les
mains des Geants , qui les chargent de
fers , & les lient à la porte de la Tour
pour y servir de trophée à leur vanité.
Quelques Bergers de la contrée qui
avoient vû l'avanture de Lindamor ,
& de ses Geans , persuadent Caspis
de s'employer en faveur de ces infor-
tunés Cavaliers. Ce Berger qui étoit
plus fort que toute la Magie , se presente aux Captifs, & d'abord brise leurs
fers & les met en liberté. Lindamor
satisfait de la courtoisie de Caspis ,
traite avec lui des moyens de se van-
ger des Geans de la Tour noire , il apprend de ce Berger que l'épée de Cloridan est fatale à cette entreprise , &
que pour l'avoir il faut endormir le
Dragon à qui les Geans l'ont donnée
en garde ; le Berger offre lui-même
de le faire ; & y reüssit , mais pour
avoir l'épée de Cloridan il falloit quelque chose de plus que d'endormir le

Dragon, le Berger évoque l'ombre de Cloridan pour sçavoir de lui-même ce qu'il falloit faire pour se servir utilement de cette épée. L'ombre évoquée leur apprend que Theandre seul est capable de s'en servir. Le bruit de cét oracle s'étant répandu, Vulcain avec ses Cyclopes prépare des armes pour Theandre, qui étant conduit par la Renommée, & suivi de Lindamor, va où l'épée de Cloridan étoit gardée, se saisit de cette épée aprés avoir enchaîné le Dragon, se presente avec cette épée à la porte de la Tour noire, la fait ouvrir au son du cor, défait les Geans, tire de la Tour le Char de la Gloire, y attache les Geans & triomphe enfin des armes, & des enchantemens de ses ennemis. Ce dessein qui tient de l'air des anciens Romans, est une allegorie de la prise de la Rochelle. Le feu Roi est Theandre, le Berger Caspis le Cadinal de Richelieu premier & principal Ministre de ce Prince Lindamor, le Roi Henri III. qui n'étant encore que Duc d'Anjou avoit vainement tenté ce siege; l'épée de Clorida nest celle de Clovis, la Tour noire est la Rochelle, les charmes l'Heresie & la Rebellion.

Ces

Ces deſſeins allegoriques ſont les les plus ingenieux & les plus propres pour le Ballet, pourveu qu'ils ſoient naturels, & aiſés à concevoir ; comme celui de l'Amour malade danſé par ſa Majeſté. Le Temps & le deſeſpoir étoient les medecins de ce malade, qui entreprenoient de le guerir. La Raiſon étoit ſa garde, & les remedes dont on ſe ſervoit étoient la Comedie, le Ballet, &c.

Ces allegories ſe peuvent prendre dans les Romans, ou dans les Poëmes Epiques qui en ſont pleins. Les Idyles y ſont auſſi extremement propres, parce que ce ſont des peintures ingenieuſes des choſes morales, ou naturelles à qui on donne des formes vivantes pour parler & pour agir. Ainſi l'an 1654. qui fut le temps du ſacre de ſa Majeſté on danſa à Rheims où ſe fit cette ceremonie le Ballet allegorique *du Lys ſacré Roi des fleurs.* L'an 1660. on danſa ſur le Theatre du College de Clermont, *Le Mariage du Lys & de l'Imperiale* pour le mariage du Roi & de la Reine l'année apres, le College de Tournon fit un Ballet *de l'Arc-en-Ciel fils du Soleil* pour la naiſſance de Monſeigneur le

Dauphin né entre les douceurs de la Paix, dont l'Arc-en-Ciel est le Symbole comme le Soleil est la devise du Roi.

L'an 1628. on dansa dans la Cour de Savoye un Ballet de la Cour du Soleil. La Nuit en fit l'ouverture, & à sa faveur les Ombres & des Follets firent une entrée assez plaisante sortant de divers endroits, mais la Nuit les avertissant de prendre garde que le Jour ne les surprît : ils se retirerent dans leurs Grottes, lors que l'Etoile Matiniere introduisit les visions du Matin, les Songes guais qui sortirent par la porte d'yvoire. L'Etoile de Venus sortit de la mer pour annoncer la venue de la plus belle Aurore que l'on eut encore vûë, & fit lever les Zephirs pour jetter des fleurs, les Rosées pour jetter de eaux parfumées, & les influences les plus douces & les plus salutaires. L'Aurore les suivit, & étant descenduë u Ciel, elle fit paroître tout d'un coup le Palais du Soleil d'une Architecture Ionique ; les sept Planetes, & les douze heures étoient dans des niches, d'où elles sortirent pour danser ; les Muses dans d'autres niches firent les concerts, le Temps, l'Année, les

Saisons, les Mois, & les Semaines firent la Musique dans les loges de ce Palais. L'Abbé Scotto fut inventeur de ce dessein.

On voit par ces desseins qu'il y a des allegories Philosophiques, Poëtiques & de Roman pour la conduite des Ballets. Les Philosophiques sont celles où l'on exprime les causes, les effets, le proprietez & les principes des choses dans un juste rapport des inventions du Ballet avec ses proprietez. Il s'en est fait plusieurs de cette espece sur le Theatre du College de Clermont, principalement ceux de la Curiosité, des Songes, des Cometes, de l'Illusion, de l'Empire du Soleil, de la Mode ; & dans celui de la Curiosité on voulut representer que le bon ou le mauvais usage que l'on en fait, peut beaucoup contribuer à perfectionner les esprits ou à les gâter. On fit quatre Caracteres de la curiosité pour faire autant de parties de Ballet La premiere fut la Curiosité inutile qui ne s'attache qu'à des bagatelles, & la seconde la Curiosité dangereuse, qui recherche les choses defenduës, & celles qui sont pernicieuses : Ce sont ces deux especes de

curiofité dont l'ufage fe doit éviter.
La troifiéme étoit la Curiofité utile,
la quatriéme la neceffaire. On ran-
gea parmi les Curiofitez inutiles l'oi-
fiveté avec une troupe de faineans,
qui couroient aprés la Gafette & les
faux bruits, pour paffer quelques heures de temps, à fçavoir ce qui fe faifoit dans le monde, d'autres conful-
toient des Almanachs pour apprendre
quel temps il devoit faire; & des endormis s'éveillant, s'entretenoient de leurs
fonges dont il fe faifoient des préfages de ce qui devoit arriver. L'Erreur,
les opinions nouvelles, la Chimie,
les Sortileges, la Magie, & la fu-
perftition faifoient les Curiofitez dan-
gereufes. La Curiofité raifonnable
reprefentoit des voyageurs que le de-
fir de s'inftruire des manieres & des
ufages des peuples faifoit aller en divers païs. Des Phyficiens qui travailloient à faire des experiences. &c.

La Curiofité neceffaire introduifit
les Arts des Matelots qui fous la conduite de Typhis alloient découvrir de
nouveaux mondes. Le feu apporté du
Ciel en terre par Promethée avec des
gens empreffés pour en reconnoître l'u-
fage.

Les Allegories Poëtiques ne font

pas moins ingenieuſes que les Philoſophiques quoi qu'elles n'affectent pas
une ſi grande exactitude.

Les Amours déguiſez danſez par
le Roi l'an 1664. étoient d'une invention de cette ſorte. De la grotte de
Vulcain ſortirent huit Amours ſi bien
déguiſez en forgerons qu'on ne les
pouvoit reconnoître que par l'application qu'ils avoient à forger des dards
plûtoſt que d'autres armes ; & par
leurs bandeaux qu'ils avoient retenus
pour garantir leurs têtes du bruit des
enclumes. Auſſi-tôt aprés , le Theatre repreſenta une mer avec un combat
Naval en éloignement , & Venus fit
voir Marc Antoine qui pour ſuivre
Cleopatre quittoit l'eſpoir de la victoire qu'il alloit remporter , & fit
remarquer à Mercure que les Rameurs
qui emportoient ce Romain avec tant
de viteſſe , n'étoient pas des Rameurs
ordinaires , mais des Amours déguiſez.
Aprés cette entrée des Amours Rameurs , Venus fit paroître aux yeux
de Mercure les Jardins de Cerés &
une troupe d'Amours qui pour livrer
plus aiſément Proſerpine à la paſſion
de Pluton avoient pris le viſage &
l'habit de ſes compagnes , & ſous pre-

texte d'une promenade l'avoient fait
fortir d'un Château foigneufement
fermé par fa mere. D'autres Amours
qui pour le méme deffein avoient pris
la figure des Jardiniers de Cerés ca-
chant adroitement leurs fléches fous
des fleurs prefenterent à Proferpine
des Bouquets de fleurs dont la vertu
fecrete l'endormit fur un lit de Gazon.
Pluton fe fervant d'une occafion fi
favorable , fortit des Enfers pour enlever la Nympe endormie , mais Venus fit remarquer à Mercure que ce
Dieu fouterrain craignant que les demons qui l'accompagnoient d'ordinaire ne fçeuffent pas garder tout le refpect
dû aux beautez de Proferpine , avoit
emprunté fix Amours qu'il avoit fait
vêtir de fa livrée pour le fuivre en cette expedition.   Auffi-toft aprés dans
l'avenuë du Palais enchanté d'Armide
des Amours deguifez en Bergers tache-
rent par leur chant & le fon de leurs
inftrumens à retenir Regnaud auprés
de la beauté dont il étoit aimé , mais
ce Guerrier detrompé n'écoute que
la gloire qui l'appelle & fuit con-
ftamment les deux bons Chevaliers
qui le font venus délivrer de cette
agreable prifon. Une autre bande d'A-

mours fous l'habit des Nymphes de Flore fe prefentent dans la méme intention, & n'ont pas un meilleur fuccez, quoi qu'elles êta'ent à l'envi les beautez de leur vifage & l'agrément de leur Danfe. Armide furieufe & preffée de douleur, de honte, & de defefpoir, fe plaint & s'emporte contre les Amours qui l'ont fi mal fervie, & les chaffe de fon Palais qu'elle détruit en un moment. Une troupe de petits Amours effrayez d'un accident fi fuprenant, fortent en hâte des ruïnes du Palais détruit, & retiennent une partie des déguifemens qu'ils n'ont pas eu le temps de dépoüiller tout à fait. Les uns ont encore les plumages des oifeaux, d'autres la blancheur des ftatuës, & d'autres une partie des habits des Nymphes qu'ils avoient pris pour fervir la paffion d'Armide &c.

Il y a du beau, du grand, & du fpirituel dans l'invention de ce Ballet, mais il faut avoüer que la conduite n'en eft pas tout à fait reguliere, fur tout le Dialogue de Pallas, de Venus, & de Mercure, qui font l'ouverture de ce Ballet eft une piece tout à fait hors d œuvre, & qui n'a rien de ce vrayfemblable,

qui prepare agreablement aux eveñe-
mens d'un ballet. Venus prie Mercure
de voler dans tous les coins du monde,
afin de rassembler tous les Amours qui
s'y trouvent dispersez , & craignant
qu'il n'en sçache pas connoître la plus
grande partie , qui pour faire reüssir des
entreprises importantes, se deguisent &
se cachent sous des formes empruntées,
elle lui fait voir plusieurs de ces deguise-
mens l'un aprés l'autre pour lui donner
moyen de ne s'y pas tromper. Je dis
que ce Dialogue est fade. Il oblige Venus & Mercure d'estre sur le Theatre
durant tout le ballet , & il y a quelque
chose à dire de voir qu'il faille instruire
un Dieu autant éclairé que Mercure
pour reconnoître ces Amours deguisez.
Il y a quelques entrées qui ne font
rien au sujet comme celle de quatre Soldats , & de quatre Goujats sortis des
maisons voisines de la Ville de Troye
assiegée qui se querellent sur le partage
de leur butin , & forment un combat ridicule. N'eut-il pas été plus naturel que
Venus qui est la mere des Amours leur
eut commandé de se deguiser pour divers desseins qu'elle avoit, & faire paroître d'abord un essaim d'une soixan-
zaine d'Amours , qui se deguisant en

dansant

danſant dans l'antre de Protée, ou dans la maiſon de Circé , auroient pris des habits de Forgerons , de Rameurs , de Bergers , de Jardiniers , de Nymphes , d'Oiſeaux , &c. pour faire aprés une agreable diverſité d'entrées de déguiſemens, qui auroient fini par le dépit d'Armide en détruiſant les charmes de ſon Palais enchanté.

Le Ballet Poëtique de la Naiſſance & de la Puiſſance de Venus, danſé l'an 1665. fut plus regulier, Neptune, & Thetis ſuivis de pluſieurs Tritons qui compoſoient le corps de la Muſique, firent entendre la gloire qu'ils avoient, qu'une Deeſſe d'une incomparable beauté qui devoit regner dans tout l'Univers nâquit dans leur Empire. Neptune commença ainſi.

Taiſez-vous flots impetueux ,
Vents devenez reſpectueux ,
La Mere des Amours ſort de mon vaſte
  Empire.
   Thetis
Voyez comme elle brille en s'élevant
  ſi haut ,
Jeune , aimable , charmante , & faite
  comme il faut
Pour impoſer des loix à tout ce qui reſpire.
      G

Les Tritons,

Quelle gloire pour la Mer
D'avoir ainsi produit la merveille du
monde
Cette divinité sortant du sein de l'Onde
N'y laisse rien de froid, n'y laisse rien
d'amer.
Qu'elle gloire pour la Mer ?

Elle sort de la Mer sur un Trône de Nacre environnée de Nereïdes, & peu aprés est enlevée au Ciel par Phosphore & les Heures. Les Dieux marins, & les Deesses marines se pressent de la voir. Les Vents arrivent au bruit. Eole qui craint les desordres qu'ils ont coûtume de faire, les resserre dans leur caverne. Castor & Pollux assurent qu'en faveur de cette naissance la navigation sera desormais heureuse. Des Capitaines de Navire, des Marchands & des Matelots s'éjouïssent à leur vûë. Les Zephirs qui avoient quitté les autres Vents pour porter sur terre cette heureuse nouvelle, en font la premiere part au Printemps, aux Jeux, aux Ris & tous ensemble se dévoüent à cette nouvelle Divinité. Flore & Pales avec une troupe de Bergers & de Bergeres

proteſtent de ne recevoir jamais d'autres loix que les ſiennes. Le Ballet de
la Naiſſance de Venus finiſſoit là , car
la ſeconde partie étoit de ſa puiſſance.
Les Graces en firent le recit & publie-
rent que la puiſſance de cette Deeſſe
s'étendoit par tout l'Univers. Toute
l'invention de cette piece allegorique
compoſée pour feu Madame , n'étoit
qu'une douzaine d'entrées des Amours
de Jupiter, d'Apollon, & de Bacchus,
de Sacrificateurs , de Philoſophes , de
Poëtes , de Heros & d'Heroïnes ſoû-
mis à la beauté , auſſi-bien qu'Orphée
qui va chercher ſon Euridice juſques
dans les Enfers.

Les allegories de Roman qui font
la troiſiéme eſpece , ſe compoſent à la
façon des Romans , d'évenemens merveilleux , & qui n'ont rien de vrai-
ſemblable , parce que c'eſt aux enchantemens que l'on en attribuë les
effets. Ainſi l'an 1664. le Roi voulant donner aux Reines , & à toute
ſa Cour le plaiſir de quelques feſtes
peu communes dans les Jardins de
Verſailles durant les beaux jours du
mois de Mai , on prit pour ſujet de
ces feſtes les plaiſirs de l'Iſle enchantée , compoſés d'une courſe de bague,

d'une Collation ornée de machines,
d'une Comedie mêlée de danse & de
Musique, & un Ballet du Palais d'Alcine, qui fut representé d'une maniere
extraordinaire sur un grand étang au milieu duquel étoit le Palais d'Alcide à
côté des deux autres Isles pour les
Violons & les Musiciens. On feignit
donc pour ces festes que les charmes
d'Alcine retenant auprés d'elle par un
double enchantement le brave Roger
& plusieurs autres vaillants Chevaliers, toutes ses pensées ne s'occupoient plus qu'à empêcher leur fuite
pour faire durer ses plaisirs. Elle joignit à la force & à la situation de son
Palais le pouvoir de ses demons, la
fierté de ses Geans, & celle de ses
bêtes farouches : elle n'eut pas moins
de confiance aux divertissemens des
promenades, de la danse, des Tournois,
des festins, de la Comedie & de la
Musique. Un chant de plusieurs instrumens s'étant fait entendre sur deux
Isles situées aux deux côtés du Palais
d'Alcine, il se fit une charmante Harmonie d'un grand nombre de Musiciens, pendant que le frontispice du
Palais venant à s'ouvrir il en sortit
quatre Geants d'une hauteur prodi-

gieuse commis à la garde d'un lieu si considerable par sa situation & par sa force. Huit Maures chargez par Alcide de la garde du dedans, en firent une exacte visite avec chacun deux flambeaux : Cependant un dépit obligea six des Chevaliers qu'Alcine retenoit auprés d'elle à tenter la sortie de ce Palais ; mais la fortune ne secondant pas leurs efforts, ils furent vaincus par autant de monstres qui les attaquerent. Alcine allarmée de cét accident invoqua de nouveau tous ses Esprits, & leur demanda secours. Il s'en presenta deux à elle qui firent des sauts avec une force, & une agilité merveilleuse. D'autres demons vinrent à son secours, mais à peine commençoit-elle à se rassurer, qu'elle vit paroître auprés de Roger & de quelques Chevaliers de sa suite, la sage Melisse sous la forme d'Atlas; elle courut pour empêcher le dessein qu'elle avoit, mais elle arriva trop tard, Melisse avoit déja mis au doigt de Roger la fameuse bague qui détruisoit les enchantemens. Un coup de tonnerre suivi de plusieurs éclairs, mit le feu au Palais enchanté qui fut bien-tôt reduit en cendres par un feu d'artifice qui mit fin à cette avanture, & termina les divertiffemens de l'Ifle enchantée.

A la Naiffance du Roi l'an 1638. Monfeigneur Frederic Sforce alors Vicelegat d'Avignon, & depuis Cardinal, fit danfer dans la grande Sale du Palais d'Avignon par les principaux Gentilshommes de la ville un Ballet dont le fujet allegorique à la maniere des Romans étoit *la delivrance des Chevaliers de la gloire par le grand Alcandre Gaulois.*

Il y a des Ballets plaifans où regne le Ridicule, & dont l'invention eft femblable à celle des farces & des plaifanteries. Il s'en eft fait quelques-uns de cette forte dans les Cours de France & d'Italie, principalement au Carnaval qui eft un temps de divertiffement.

L'an 1631. le Prince Maurice de Savoye Cardinal, étant en France pour les negotiations entre les deux Couronnes : & fe trouvant à Monceaux où étoit toute la Cour, fut prié par la Reine de faire un Ballet, fur quoi quelques Courtifans ayant raillé de la Cour de ce Prince, en difant que c'étoient des montagnards, qui n'étoient pas affez polis pour rien faire qui pût divertir la Cour, le Cardinal qui étoit naturellement magnifique & qui se plaisoit aux belles choses, entreprit un divertissement facetieux, en faisant un Ballet de Montagnards sous le titre *de gli habitatori de monti* de l'invention du Comte Philippe d'Aglié.

Le Theatre representoit cinq grandes montagnes. Les Monts venteux, les Montagnes resonnantes où habitent les échos, les Monts ardents, les Monts lumineux & les Montagnes ombrageuses.

La Renommée ridicule qui fait les nouvelles de la canaille, fit l'ouverture vêtuë en Vieille, montée sur un Asne, & portant une trompette de bois, suivant cét ancien Proverbe, *à gens de village trompette de bois,* elle fit ce plaisant recit parlant à l'animal qui la portoit.

Vola, vola, o destrier portami avante
Non vedi o lanternon di mezza notte
Maladetto Pegaso e pien di gotte
Asinello i restro e vacillante.

Puis s'adressant aux spectateurs, elle dit :

Jo vengo da lontan da parti ignote,

Ne vi diro ch'io fia che mi vedete,
Ridente fama son senza quiete
Portatrice di ciancie, di carotte.
Scorse l'ò del mondo omai tutte levie
Ond è chêl mio destrier stracco si sente
E qui meco n'adduco istrana gente
Carca d'inventioni e di buggie.

Aprés ce plaisant recit, les Vents qui
sortirent des monts venteux portoient
des Moulins à Vent sur la tête, & des
soufflets en main qui siffloient comme
des Vents. L'Echo fit ensuite un recit
& amena des gens vêtus de Grelots
pour les habitans des montagnes resonnantes. Le Mensonge avec une jambe
de bois, un habit de plusieurs masques,
& deux visages portant une Lanterne
en main, amena les habitans des Montagnes lumineuses vêtus de Lanternes
de differentes sortes. Le Sommeil
amena les habitans des montagnes ombrageuses. Enfin la vraye Renommée
amena les habitans des Alpes, qui danserent le grand Ballet, & firent voir par
la richesse de leurs habits, & l'addresse
de leurs danses, qu'ils n'avoient rien
de la grossiereté qu'on avoit voulu leur
attribuer pour être Montagnards.

Je puis ranger parmy ces Ballets

plaifans celuy qui fut danfé le 19 Fevrier, l'an 1640. dans la Cour de Savoye Ce fut ce Ballet des Alchimiftes,
où fous une plaifante Allegorie on fe
moqua de ces chercheurs de Pierre Phi-
lofophale, qui pretendent faire de l'Or.

Hermes Trifmegifte vêtu en Philofo-
phe avec la baguette Magiftra'e, introduit quatorze Chimiftes des plus celebres de diverfes Nations, Morieno Italien, Bauzan Grec, Chérner Alleman,
Untfer Suedois, Calid Turc, Sandivo-
ge Polonois, Raimond Lulle, & Hor-
tulan Efpagnols, Dolcon, & Beguin
François, Pierre Lorrain, Rafis Juif,
& Geber Arabe. L'Italien & le Grec
apporterent un Fourneau à cinq étages,
& à huit faces. L'Allemand & le Suedois y apporterent les Alembics, le
Turc & le Polonois vinrent avec des
fleurs à diftiller, qu'ils portoient dans
des paniers, les deux Efpagnols apporterent le Charbon, les François vinrent
avec des Soufflets pour attifer le feu,
le Lorrain & l'Anglois portoient des
Sas pour cribler, le Juif & l'Arabe
avoient devant eux des devantiers de
cuir à diverfes poches, où ils tenoient de
l'Allum, du Vitriol, du Souffre, des
Lingots. Pour le grand Ballet tous tra-

vaillerent enfemble autour du Fourneau
dont ils tirerent mille galanteries à donner aux Dames, des Effences, des Li-
queurs, des Pierreries de verre, des Miroirs, des Bracelets, de la poudre de
Chipre, du Fard, &c.

Le Ballet eft une Peinture, puif-
qu'il eft une imitation, & Horace a
dit depuis long-temps, que c'étoit fur
la Peinture qu'il falloit regler la Poëfie
qui eft une peinture parlante, comme
la peinture eft une Poëfie muette *Ut pi-
ctura Poëfis erit.* L'ordonnance d'un
Ballet eft donc femblable à celle d'un
Tableau, & comme un peintre fait voir
fon addreffe à bien reprefenter l'Hiver,
le Printemps, l'Automne, la Nuit, la
Moiffon, la Vendange, un Combat,
une Nopce, une Foire, une Metamor-
phofe, le Ballet doit faire la même
chofe.

Il y a trois efpeces de peinture. Vne
peinture hiftorique qui reprefente les
chofes naturellement comme elles font,
une peinture poetique qui les déguife &
les tourne comme elle veut, les ajuftant
à divers deffeins & à divers fujets; &
une peinture hiftorique traitée poetiquement, qui eft un mélange de l'un &
de l'autre. On peut faire la même chofe

dans les Ballets, les traiter hiftorique-
ment comme le Ballet de la nuit, où
l'on exprime tout ce qui fe paffe durant
la nuit, ou poetiquement quand ce font
des Fictions, ou mêler l'un & l'autre,
ce qui fait les fujets les plus agreables &
les plus propres. Les Ballets Hiftoriques font comme les Tableaux d'hiftoire, des expreffions naturelles de ce qui εἰκασία
fe voit, c'eft ce qu'en a dit Socrate. τῶν ὁ-
Les Fabuleux ou poetiques n'ont le plus ρωμέ-
fouvent rien de vray, comme ces ou- νων.
vrages de peinture, dont un Ancien a
dit.

Pergula pictorum veri nikil, omnia falfa.

Les derniers qui font mêlez de l'un
& de l'autre, ont toutes les beautez du
vray, & de la belle imitation, & celles
du vray-femblable & de la fiction, comme les Ballets qui fe font fur les mêmes
fujets que les Tragedies, & qui n'en
font diftinguez que par les perfonnages
feints, poetiques & Allegoriques, que
l'on mêle aux Hiftoriques.

Le pere Mambrun qui a fi favam-
ment écrit du poeme Epique, a jetté au
bout de fon ouvrage un Ballet décrit
en Vers Latins avec deux pages d'aver-
tiffement fur cette efpece de reprefentation. L'Occafion de ce Ballet, & de

cet avertissement, fut un entretien academique qui se fit chez Monsieur le Comte d'Avaux, Conseiller d'Estat, & Surintendant des Finances, cét Illustre Magistrat si connu par ses Negotiations, & encore plus celebre par la protection qu'il donnoit aux gens de lettres ; ce qui lui faisoit une espece de Cour composée de tout ce qu'il y avoit d'honnétes gens aux lieux où il étoit, & lui attiroit de tous côtez l'estime & la veneration des sçavans, & le desir de le connoître & d'être connus de lui. Il fut dit en cét entretien qu'il seroit difficile d'écrire en vers latins l'ordonnance & la conduite d'un Ballet, nôtre latinité presente n'étant pas accoûtumée à exprimer tous les passages, les figures, les airs, les cadences, les pas & les mesures de ces actions, non plus que les changemens de scenes, & de décorations, les vols, les habits, les machines, & plusieurs autres choses qui font la beauté du Ballet.

Le Pere Mambrun soutenoit, que rien de tout cela ne devoit paroître difficile à un homme qui avoit l'usage de la Langue latine, le tour du vers aisé, le goût & la lecture des

Anciens. Ce qui obligea la compagnie
de le charger d'en faire l'eſſai , & de
rendre en vers latins la deſcription en-
tiere d'un Ballet. Il entreprit cét ouvrage, à la verité difficile , & pour ſe
le rendre utile en même temps qu'il
ſatisferoit à l'obligation que l'on lui
avoit impoſée il voulut que l'invention
de ce Ballet, & cette deſcription poëtique fit un Epiſode de ſon grand Poëme de Conſtantin qu'il méditoit alors
& qu'il a depuis publié. Mais il faut
dire, que comme ſon Poëme eſt infini-
ment au deſſous de ſa diſſertation du
Poëme Epique , qui ne cede en rien
aux ouvrages des Anciens , & qui eſt
un chef-d'œuvre digne de ces temps
Heroïques , où les Grecs & les Romains étoient les Maîtres des Arts &
des Sciences, ſon Ballet & ſa deſcription ſont auſſi fort au deſſous de ce
genie heureux, avec lequel il conce-
voit mieux les choſes qu'il ne les exe-
cutoit.

Le ſujet de ce Ballet eſt *qu'il eſt plus aiſé*
determiner les differends & les querelles des
peuples par la Religion que par les armes.
Ce deſſein eſt expliqué par ces deux
vers.

Diſcordes ſtudiis populos componere ſola

Relligio potis est, sceptrumque vecare sub
unum.

C'est ce sujet qu'il appelle mal à
propos le *recit*, puisque le recit est
tout autre chose. Il feint que ce ballet se danse devant Constantin qui est
le Heros de son poëme, & qu'aprés
le souper de l'Empereur trois Zephirs
entrent dans la Sale, & distribuent le
sujet du ballet. Ce ballet a quatre
parties. En la premiere, les trois parties du monde qui étoient alors les
seules connuës entrent, l'Europe montée sur un beau cheval, l'Asie sur un
élephant & l'Afrique sur chameau,
& chacune manie en cadence l'animal
sur lequel elle est montée. Aprés cette
danse où il fait admirer l'addresse de
l'élephant, & la fierté du cheval, il fait
descendre les trois Nymphes, qui
aprés avoir remis à leurs pages
les animaux sur lesquels elles étoient
montées, font une sconde entrée, se
donnant plusieurs marques d'amitié,
s'embrassant, se caressant & dansant
en diverses figures tête à téte, dos
contre dos, en triangle, sur une ligne
à droite, à gauche, en piroüettant
& en se poursuivant l'une & l'autre.
Deux petits Amours qui accompa-

gnent la Gloire font une troisiéme en-
tré pour animer aux grandes chofes
l'Europe, l'Afie, & l'Afrique, lors que
la Difcorde vient tout mettre dans le
trouble avec fon flambeau & fes fer-
pens, & malgré la Gloire, divife le
monde & le fepare en trois parties dont
la plus riche devient le partage de l'A-
fie, la plus noire & la plus brûlée eft
celui de l'Afrique, & l'Europe qui
a la plus petite, a en même temps l'a-
vantage de poffeder la plus adroite dans
l'exercice des armes. Cette divifion
afflige la Gloire. Et c'eft ainfi que finit cette premiere partie qui porte ce
titre, *Pars prima Tripudii.*

La feconde partie changeant la face
du Theatre, fait paroître une campagne avec de grandes Forefts, & la Difcorde au fon des flûtes fait entrer trois
Montagnes enchaînées, Nife, Nipha-
te, & le Mont Liban, qui font des
Montagnes d'Afie. Au fon de la Lyre trois Africains entrent avec autant
de Montagnes ; la Montagne de la
Lune, le Mont Atlas, & Sierre Lionne Le
Pyrenée, l'Appennin & les Alpes pour
l'Europe firent en même temps leur entrée, & ce Ballet de neuf Montagnes
fit trembler toute la Scene, car la Dif-

corde qui étoit au milieu, les faifoit
choquer rudement les unes contre les
autres. Il fortit des Montagnes d'Afrique trois lions, autant de lynx de celles
d'Afie , & trois gladiateurs de celles
d'Europe , qui firent un combat d'Amphitheatre.

La troifiéme partie fit voir une Mer
& les Sirenes firent d'abord un concert, au bruit duquel quatre Fleuves de
l'Egypte montés fur un crocodile
étoient portés fur les eaux. Quatre
fleuves de l'Europe , le Danube , le
Rhin , le Pô & la Seine entrerent
d'un autre côté au fon des trompes des
Tritons fur un char femblable à celui
de Neptune, tandis qu'un cheval marin amena au fon d'une Orgue hydrau-
lique le Gange , le Tigre , l'Eufrate ,
& l'Inde. Ils étoient prefts à fe donner des marques de leur amitié, quand
la Difcorde les anima les uns contre
les autres, alors armez d'avirons & de
Tridents ils commencerent un fier combat dont l'air & les flots retentirent.

Dans la quatriéme partie les trois parties du monde rentrerent l'Afie armée
d'une zagaye, l'Afrique d'une maffuë,
& l'Europe d'une épée, & commencerent un combat qui fut excité par la Dif-
mais

corde, mais la Religion ouvrant le Ciel & descendant sur la Scene chasse la Discorde dans les enfers, & les trois parties du monde se prosternant devant la Religion, lui presentent chacune la partie du globe que la Discorde leur avoit fait prendre pour diviser le monde. Elle en rassemble les parties, & la Gloire reprenant ce globe, que la Discorde lui avoit arraché en la premiere partie pour le diviser, elle le presente à Constantin pour être la marque souveraine de l'Empire qu'il exerceroit par le moyen de la Religion sur les trois parties du monde. Tandis que tout paroît tranquille, un Berger jouë de la flûte, & une Forest de Citronniers marchant en cadence le suit; d'une autre côté un Berger d'Afrique fait mouvoir une Forest de Grenadiers, dans laquelle une troupe de Satyres s'exercent à chanter sur les tons de la flûte du Berger. Orphée se fait suivre d'un autre côté d'une Forest d'Oliviers, & des Amadriades dansent au son de sa Lyre avec les arbres. Les trois parties du monde font des couronnes des branches de ces arbres pour les presenter à Constantin.

Il y a de beaux vers, & du latin

H

en cette defcription , mais ce n'eft rien moins qu'un Ballet , & ce Pere à qui il étoit aisé d'inventer tout ce qu'il auroit voulu de grand & de merveilleux , a manqué d'invention dans un deffein fi vafte. C'eft toûjours la méme chofe, trois parties du monde, trois Montagnes , trois lions , trois lynx , trois Soldats armez , quatre rivieres , quatre Forefts , la Difcorde par tout , & la Religion defcend des nües pour appaifer leurs differends fans que rien prépare cette venüe. On void bien qu'il n'a pas entendu l'œconomie des Ballets , dont perfonne n'avoit écrit , & qu'il a eu raifon de dire en fa lettre à Monfieur d'Avaux, qu'il s'étonne que nul n'ait entrepris jufqu'alors de les regler. *Mirari fanè mihi fapè contigit, defuiffe adhuc qui tripudiis leges aliquas ponerent. Antè XXX. aut XL. annos cuilibet in Tragœdiam, & Comœdiam impunè quidlibet audere licitum erat ; ità ut multos etiam de literatis, non puderet unum aliquem hominem ab ufque pueritiâ ad feneEtutem in eâdem Tragœdia perducere. Extitere tandem aliquandò, qui malo illi mederentur. In Tripudia verò (fic appello genus illud faliationis quod à Francis noftris le Ballet dici, tur*) *satis inquisivit eruditorum nemo.*

Tout le défaut de la conduite de ce
Ballet vient de ce que ce Pere n'a-
voit pas bien consideré son sujet , qui
étoit qu'il est plus aisé de faire cesser
les divisions des peuples par les maximes de Religion que par la force
des armes. Il n'avoit qu'à examiner tous
les termes de sa proposition , qui sont
les peuples , les divisions , l'union ,
la Religion & les armes. C'est de ces
cinq choses qu'il falloit faire un corps
& commencer par l'union naturelle ,
qui s'entretient par le commerce , les
avantages de la paix , &c. faire naître
les divisions par l'interest , l'ambition,
la jalousie , la puissance , l'oppression,
la violence , &c. de la tenter divers
moyens de reünir les parties divisées
par les raisons du bien public , par la
crainte , les menaces , la force : & enfin y interesser tout le Ciel , & par
les maux de la famine de la peste,
de la guerre , des troubles , obliger les
peuples de recourir à Dieu , de lui offrir des sacrifices , des vœux & des
prieres , & faire descendre du Ciel la
Justice , & la paix , l'Abondance , le
Repos , & tous les autres biens sous
la conduite de la Religion , qui reü-

H ij

niſſant les eſprits, les cœurs, les volontez des peuples, auroit fait le grand
Ballet de toutes les nations unies & re-
conciliées aux pieds des Autels.

Tout le ſecret de la conduite d'un
Ballet conſiſte donc au choix du ſujet,
car il n'eſt point de ſujet, de quelque
nature qu'il puiſſe être, qui ne ſoit un
tout compoſé de pluſieurs parties,
ou actuelles, comme parlent les philoſophes, ou virtuelles. C'eſt à dire qui
d'elles-mémes ſe font voir diſtinctes,
ou ſe peuvent facilement diſtinguer.
Ainſi la nuit étant une étenduë de
temps de pluſieurs heures, durant leſquelles pluſieurs choſes differentes ſe
font ou ſe peuvent faire dans le monde, on trouve naturellement la conduite d'un Ballet ſur ce ſujet en repreſentant par des danſes figurées, tout
ce qui ſe fait ou ſe peut faire pendant la
nuit. On pourroit faire la méme choſe
du jour, de la moiſſon, de la vendange,
des Bacchanales, de la Muſique, de
l'Imprimerie. Et par ce que toutes ces
choſes ſont des parties. L'Imprimerie
par exemple a l'invention des Caracteres, les Alphabets Grecs, Latins,
Arabes, Italiques, Romains : les
Compoſiteurs, les Correcteurs, les

preſſiers, &c. On choiſit parmi ces parties celles que l'on veut; comme au Ballet des Arts on s'attache à ceux qui font
les plus belles danſes, ou à ceux qui
ont quelque choſe de plus plaiſant,
comme les forgerons, les maſſons, les
émouleurs, les colporteurs, &c.

Il faut ſeulement obſerver qu'entre
ces parties il y en a quelques-unes qui
ſont eſſentielles à la choſe, & d'autres
purement arbitraires ou de bien-ſeance. On ne peut ſe diſpenſer des premieres, on ajuſte les autres à ſon deſſein. Ariſtote a parlé des unes & des
autres en ſa Poetique. Au Ballet des
Amours deguiſez, le deguiſement eſt
eſſentiel au deſſein, mais il depend
de celui qui fait le Ballet de les dégui-
ſer en Chaſſeurs, en Peſcheurs, en
Medecins, en Rameurs, en Pele-
rains, &c.

Quand on prend un ſujet hiſtori-
que, ou de l'ancienne mythologie, il
y a des perſonnages eſſentiels à l'hiſtoire, ou à la Fable que l'on repreſente,
Theſée, Hercule, Proſerpine, Niobé
& ſes enfans. Au Mariage du Lys &
de l'Imperiale, ces deux perſonnages
ſont eſſentiels au Ballet.

Les Ballets qui ſe font ſur une pro-

H iij

ἀναγκαί-
ίως. &
κα'ʃε'ι-
κός.

poſition , ou ſur un ſujet compoſé, demandent neceſſairement autant de parties qu'il y en a dans la propoſition ,
ou dans le ſujet compoſé. Et c'eſt ſur
ces parties que roule eſſentiellement
toute la conduite du Ballet. Si par
exemple on ſe propoſe pour ſujet *qu'il
faut mourir* , qui eſt cét ancien oracle
de l'Apôtre, *Statutum eſt hominibus ſemel
mori* , on peut repreſenter toutes ſortes
de perſonnes ſujettes à la mort, comme
les Papes , les Rois , les Cavaliers ,
les Dames , les Sçavans , &c. Ce ſont
les parties eſſentielles à ce Ballet , auſquels on peut ajoûter la mort ou la
ruïne des Etats , des Monarchies , &
au lieu des perſonnes réelles ſe ſervir
des Poetiques , de la ſcience , de la
grandeur , de l'autorité , des richeſſes,
&c. De méme qui voudroit faire un
Ballet ſur cette propoſition que tout
obeït à l'argent , *Pecuniæ obediunt omnia* , ou que l'intereſt eſt comme l'ame
du monde , il faut conſiderer *l'Argent,
Obeïr, & Toutes choſes* , qui ſont les
trois parties de la propoſition , & repreſenter l'Argent avec ſon autorité ,
ſa puiſſance , ſon credit. Ce mot d'Argent eſt un tout, dont les parties ſont
les piſtoles , les écus , les deniers , les

monnoyes de divers païs avec les images des Princes, leurs symboles, leurs armoiries, les lettres de change, les bre-
vets d'affaire, les assignations, les
billets de l'Epargne. Sous le mot d'o-
beïr se peuvent ranger toutes les soû-
missions, les servitudes, les adorations,
les dépendances, &c. Et sous toutes
choses on peut mettre la flatterie, les
arts, les sciences, toutes les conditions, tous les Etats, & de tout
cela faire un corps qui composeroit le
Ballet.

Au Ballet du Triomphe de l'Amour
dansé devant sa Majesté l'Hiver dernier,
on fit paroître les Divinitez dont l'A-
mour avoit triomphé. Mars armé & accompagné d'une troupe de Guerriers,
paroissoit d'abord furieux, témoignant
ne pouvoir aimer que les Combats, le
sang, & le carnage, lorsque des Amours
écarterent les Guerriers qui le suivoient, & desarmant ce Dieu de la
guerre se joüerent avec ses armes, l'enchaînerent avec des liens de fleurs, &
danserent en réjouissance de leur victoire. La Deesse Amphitrite aprés avoir
longtemps resisté à l'amour de Neptune,
fut contrainte à la fin de s'y rendre.
Borée couvert de Glaçons & de frimats

se croyoit en seureté contre les feux de l'Amour, mais aux approches d'Orithye il changea de sentiment. Diane en habit de Chasse, fit connoistre qu'elle mépri-soit la puissance de l'Amour, mais ayant veu Endymion elle se retire confuse de se sentir touchée d'Amour pour lui. Bac-chus aprés avoir assujetti à son Empire la plus grande partie du monde, est con-traint de ceder au pouvoir de l'Amour, & ne peut s'empécher d'aimer Ariadne au premier instant qu'il la voit ; Apol-lon se soumet à l'Amour comme les au-tres Dieux, Flore & les Zephyrs font le même. Voila ce qui s'appelle la con-duite d'un Ballet, & son invention, ce qu'Aristote nomme la Fable, ou l'éta-blissement du sujet.

Entre ces parties d'un tout qui ser-vent à inventer les Entrées d'un Ballet, on peut mettre les causes, les effets, les especes & les proprietez des choses, ou leurs attributs. Ainsi pour la curiosi-té, on se peut servir des Gazettes, des Almanachs, des Histoires, des Expe-riences, des nouveautez, & de tout ce qui peut contribuer à exciter la curiosi-té. Pour le Ballet des Songes, la Nuit, le Silence, la paresse, & la Lassitude introduisent le Sommeil. Le Bruit, le

corde,

Soin, la Jalousie, & la Crainte, s'efforcent inutilement de le troubler. Les sens attirez par la douceur du sommeil se trouvent charmez, & demeurent sans mouvement. L'Imagination paroiſt avec ſes phantômes qui font les Songes, Morphée, Icelus & phantaſus, les enfans du Sommeil diſpoſent ces phantômes pour les Songes. La Joye en fait voir d'agreables, le Temperament phlegmatique en fait paroiſtre de plus peſans, comme le Temperament melancholique en fait voir de plus noirs avec des Spectres terribles.

Au Ballet des Jeux, toutes les Entrées ſont autant de jeux differens ſans aucun autre artifice, les Echecs, le Volant, les Dez, les Cartes, Colin-maillard, la Lutte, la Courſe, le Ballon, les Boules, les Quilles. Ces Ballets ne ſont pas les plus ſpirituels. Mais quand il faut inventer la conduite du ſujet, & la chercher dans les Hiſtoires, les Fables, & les autres choſes qui peuvent avoir quelque rapport à ces ſujets, c'eſt alors qu'ils ſont ingenieux : comme celui du Tabac danſé à Turin le dernier jour du Carnaval l'an 1650.

La Scene repreſentoit l'Iſle de **Tabago**, dont le Tabac tire ſon nom, un

I

troupe d'Indiens fit le Prologue, chantant les avantages du Tabac, & le bonheur des peuples, à qui les Dieux avoient donné cette plante. La premiere Entrée fut de quatre Sacrificateurs de ce Pays là qui tiroient du Tabac en poudre de certaines boëttes d'or qu'ils portoient, & jettoient cette poudre en l'air pour appaiser les Vents & les Tempétes, puis avec de longues Pipes, ils fumoient autour d'un Autel, faisant de leur Tabac en fumée une espece de sacrifice à leurs fausses Divinitez. Deux Indiens mettoient en corde les Fuëilles de Tabac pour la seconde Entrée. Deux autres le pilloient dans des Mortiers pour le reduire en poudre, & faisoient la troisiéme Entrée. La quatriéme Entrée étoit de preneurs de Tabac qui éternuoient, & qui se le presentoient les uns aux autres, le prenant par pincées avec des ceremonies plaisantes. La cinquiéme étoit une troupe de Fumeurs assemblez dans une Academie ou lieu destiné à fumer. Des Turcs, des Mores, des Espagnols, des Polonois, & d'autres Nations recoivent le Tabac des Indiens, & le prennent diversement.

Les Portugais ont des ballets ambu-

latoires qui se dansent dans les rües d'u-
ne Ville, & vont en divers lieux, avec
des Machines mobiles & des representations. Ils le font aux Festes des Saints
& en leurs plus grandes solemnitez. Le
Pape Paul V. ayant canonisé l'an 1610.
saint Charles Borromée Cardinal, qui
avoit été sous le Pontificat de Pie IV.
son Oncle, Protecteur du Royaume
de Portugal, cette Nation reconnois-
sante voulut luy rendre des honneurs
publics. Pour le faire avec plus de so-
lennité, on mit son Image sur un Vaisseau, comme s'il fut venu de nouveau
prendre la protection du Royaume de
Portugal. Tous les bâtimens qui étoient
au Port, s'avancerent trois milles dans
la Mer, pour aller au devant de lui.
Saint Vincent, & Saint Antoine que
l'on nomme de Padoüe, parce qu'il est
mort en cette Ville là, & qui étoit né
à Lisbonne, allerent le recevoir prés du
Port comme les deux principaux Pa-
trons de la Ville avec la décharge de toute l'Artillerie du Port, & des Vaisseaux.
Aussitôt que l'Image eut été debarquée
elle fut receüe par tous les Religieux,
& tous les corps Ecclesiastiques qui allerent au devant d'elle en Procession
avec quatre grands Chars de diverses

representations. Le premier étoit celui
de la Renommée, le second celui de la
Ville de Milan, le troisiéme celui de
Portugal, & le quatriéme de l'Eglise.
Outre ces Chars, chaque compagnie
de Religieux, & chaque Confrerie portoit son Saint particulier sur de riches
brancards, que les Portuguais nomment
Andarillas & les Italiens *Barelle*. L'Image de saint Charles étoit ornée de pierreries à la valeur de six vingt & sept mille Ecus, plusieurs autres en avoient
pour soixante, soixante dix, & quatre
vingt mille Ecus, & les Richesses qui
parurent en cette feste, furent estimées
plus de quatre Millions.

Entre chaque Char étoient des troupes de Danseurs qui representoient en
dansant diverses choses. Octavio Accoromboni Evêque de Fossombrone,
qui fit la description de cette Feste, &
qui procura ces honneurs à saint Charles dans la Ville de Lisbonne, ou il
étoit pour lors Collecteur de certains
deniers que le Portugal donnoit au Pape,
dit qu'il ne faut pas que les Italiens, &
principalement les Romains s'étonnent
de lire qu'il y ait eu des Danses & des
ballets dans une ceremonie si sainte,
parce qu'en Portugal, les processions,

& les Festes ne paroîtroient pas assez nobles, & assez graves, si elles n'étoient accompagnées de ces marques de joye. *Ne dia fastidio,* dit Monsignor Accoromboni, *a nostri d'Italia, massime à Romani il sentire che nelle processioni de santi, e di tanta divotione come fù questa si mescolassero e balli, e danze, perche in Portogallo non parrebbe loro, massime à Popolari, fossero processioni nobili e gravi senza simiglianti attioni di Giubilo, e d'Allegrezza.*

Pour preparer à ces Festes, à ces Danses, à ces Ballets, & à ces processions, on dresse quelques jours auparavant de grands Mats à la porte des Eglises ou se doit faire la solemnité, & en divers endroits sur les chemins où doivent passer les processions & les representations. Ces Mats sont de grands pins dorez, & parez de Couronnes, de Rubans, & de Bannieres de diverses couleurs, comme les Arbres que l'on éleve en France, aux portes des maisons des Magistrats le premier jour de May, en plusieurs Villes du Royaume, ce qui a fait donner à ces Arbres le nom de *Mays.* Les Espagnols les nomment *Mayos* ou *Arboles de Enamorados,* parce que les jeunes gens en font planter de cette forte le premier jour du mois de May devant la porte de leurs Maitref-fes. On en planta trois en cette ceremo-nie, l'un à l'endroit du port où devoit commencer la Proceffion, aprés avoir debarqué l'Image de faint Charles, l'au-tre au milieu du chemin, & le dernier à la porte de l'Eglife où devoit fe termi-ner la Fefte, & placer l'Image du Saint. Ces Arbres font comme autant de lieux deftinés aux reprefentations, c'eft là que la marche s'arrête, & c'eft là que fes Danfeurs font leurs principales en-trées de Ballet. *E folito in Portogallo*, dit l'Evêque de Foffombrone, *prima delle fefte publicke, e maffime delle Proceffioni gravi porre i Maftri nelle ftrade, e avanti la Chiefa della fefta. Maftri chiamano qua alcuni Aberi grandi di nave.*

Ces Ballets ambulatoires font d'an-cienne inftitution. Appien Alexandrin les a décrits, & en a fait les peuples Tyrrheniens les Autheurs. Il dit que ces Danceurs de Ballets étoient des jeu-nes gens, dont les habits étoient re-trouffez, qu'ils avoient des couronnes ou des Guirlandes d'or à la tête, & qu'ils alloient chantant & danfant avec beau-coup d'ordre & de methode. Il donne le nom de Pompe Tyrrhenique à ces Bal-

lets ambulatoires. *Chorus erat Citharista-
rum , & Saly orum ad instar* Pompæ
*Tyrrhenicæ. Omnes baltheo accincti co-
ronam auream capite gerebant , & æquo
gradu gradiebantur ordine cum cantu &
saltatione.*

Stace & Martial nous apprennent que
ces Danses , & ces Ballets ambulatoires,
passerent d'Italie en Espagne où ils sont
demeurez jusqu'à present , puisque l'un
de ces Poëtes dit.

*Hoc plaudunt grege Ludiæ tumentes
Illic cymbala , tinnulæque Gades. &c.*

Et l'autre

*Ludiam quamdam Gaditanam ,
Saltantem vidimus semicinctam.*

On fit de ces Ballets ambulatoires
pour la solemnité de la Beatification de
saint Ignace , comme on avoit fait pour
la Canonisation de saint Charles. Le
trente uniéme Janvier aprés l'Office solennel du matin & du soir , sur les quatre heures aprés midy , deux cent Ar-
quebusiers se rendirent à la porte de
Nostre-Dame de Lorette , où ils trouverent une machine de bois , d'une
grandeur énorme , qui representoit le

Cheval de Troye. Ce Cheval commença dés lors à se mouvoir par de secrets ressorts, tandis qu'autour de ce Cheval se representoient en Ballets les principaux evenemens de la Guerre de Troye. Ces representations durerent deux bonnes heures, aprés quoy on arriva à la place saint Roch, où est l'Eglise de la maison Professe des Jesuites. Une partie de cette place representoit la Ville de Troye avec ses Tours & ses Murailles. Aux approches du Cheval, une partie des Murailles tomba, les Soldats Grecs sortirent de cette Machine, & les Troyens de leur Ville armez & couverts de feux d'Artifice, avec lesquels ils firent un Combat merveilleux. Le Cheval jettoit des Feux d'Artifice contre la Ville, la Ville contre le Cheval, & l'un des plus beaux Spectacles fut la décharge de dixhuit Arbres tout chargez de semblables Feux. Le lendemain, d'abord aprés le dîné parurent sur Mer au quartier de Pampuglia, quatre Brigantins richement parez, peints, & dorez avec quantité de Banderoles, & de grands Chœurs de Musique. Quatre Ambassadeurs au nom des quatre parties du monde, ayant appris la Beatification d'Ignace de Loyola, pour re-

connoître les bienfaits que toutes les
Parties du monde avoient receus de
luy, venoient lui faire hommage, & luy
offrir des Presens, avec les respects des
Royaumes & des Provinces dependan-
tes de chacune de ces Parties. Toutes
les Galeres, & tous les Vaisseaux du
Port saluerent ces Brigantins. Estant arrivez à la place de la Marine, les Ambassadeurs descendirent, & monterent
en même temps sur des Chars superbement ornez, & accompagnez de trois
cent Cavaliers, s'avancerent vers le
College, precedez de plusieurs Trompettes. Aprés quoi des peuples de diverses Nations, vétus à la maniere de
chacun de leurs Pays faisoient un Ballet tres agreable, composant quatre
troupes ou quadrilles pour les quatre
Parties du Monde. Les Royaumes &
les Provinces representez par autant de
Genies, marchoient avec ces Nations
& ces Peuples differens, devant les
Chars des Ambassadeurs de l'Europe,
de l'Asie, de l'Afrique & de l'Amerique, dont chacun étoit escorté de
soixante & dix Cavaliers. La Troupe
de l'Amerique étoit la premiere, &
entre ces Danses elle en avoit une plaisante de jeunes enfans déguisez en Sin-

ges , en Guenons , & en Perroquets.
Devant ce Char étoient douze Nains,
montez fur des Haquenées. Le Char de
l'Afrique êtoit tiré par un Dragon. La
diverfité & la richeffe des habits, ne
faifoient pas le moindre ornement de ce
Ballet & de cette Fefte , quelques-uns
ayant pour plus de deux cent mille Ecus
de Pierreries.

La conduite des Ballets n'étoit guere
connüe en ce Royaume fur la fin du
dernier fiecle , & fur le commencement
de celuy-cy. Il y avoit peu d'efprit en la
plufpart de ceux qui s'y danfoient, &
l'on ne prenoit le plus fouvent que des
fujets ridicules , comme les Quolibets,
& le Landy , qui furent les fujets de
deux Ballets , danfez devant leurs Ma-
jeftez au Carnaval de l'an 1627. l'un le
quatriéme Janvier , & l'autre le dixiéme de Fevrier.

Le Ballet que l'on danfa pour le Mariage de Madame de France , fœur aînée
du feu Roy avec le Prince d'Efpagne,
fut plus grave & plus fpirituel. Le fujet
étoit le Triomphe de Minerve ; mais la
conduite n'étoit pas des plus regulieres.
La Nuit fit l'ouverture , aprés quoy parurent neuf Ardens qui firent la premiere entrée , c'étoient neuf Enfans vê-

tûs de Satin rouge, couvert de flâmes
d'or. Ils portoient chacun quatre gros
feux fur la tefte dans autant de Vafes
dorez, & avoient en chaque main un
grand Flambeau qui brûloit dés la
poignée, fans que ce feu jettât aucune
étincelle, ny incommodât ceux qui le
portoient. Ils fortirent de deux trous
de Rochers qui faifoient une partie de
la Decoration, & aprés avoir danfé,
un nouveau Rocher fe leva infenfible-
ment de terre, & fur ce Rocher parurent les dix Sibilles qui firent un Concert agreable, & aprés avoir fait la feconde entrée de Ballet, elles jetterent
aux affiftans des Vers imprimez addref-
fez au Roy & à la Reine. La Scene
changeant de face, fit voir une grande
Foreft, au deffus de laquelle l'Aurore
defcendant du Ciel, s'avança en jettant
des fleurs, elle fut fuivie du Char du
Soleil fur lequel étoit cét Aftre, qui
traverfant toute la Scene, chanta un
Recit à la Reine. Tout cela ne fut que
le Prologue de la piece, neuf Africaines
habitantes du Pays, où les Anciens feignirent que Minerve étoit née, firent
la premiere Entrée, avec des Maffes
d'or à la main & un Cafque en tête
garni de Plumes. Aprés elles, parut un

Berger qui ramenant ses Troupeaux au couchant du Soleil, sortit des bois en chantant ces Vers, composez par Malherbe.

*Houlette de LOUIS, houlette de
MARIE*
*Dont le fatal appuy met nôtre Bergerie
Hors du pouvoir des Loups, &c.*

A la fin de son recit on entendit un bruit de Musettes, au son desquelles une troupe de Bergers se mit à danser. Une Scene de Mer succeda à la Forest, & fit voir des Tritons & des Tritonides qui joüoient des Hautbois. Le Ciel s'ouvrit en même temps, où trente Musiciens de la Chapelle du Roy, firent entendre un agreable Concert répondant à la Musique de la Chambre, qui faisoit le Chœur des Tritons, comme eux, representoient les genies de l'air, que les Anciens nommoient les bons Démons. Aprés un Dialogue chanté par ces deux Chœurs de Musique de la Chambre & de la Chapelle, parut un grand Char tiré par des Amours volans. Sur ce Char étoit Madame de France avec quatorze Dames de sa suite, & étant toutes descendües de ce Char, elles danferent le grand Ballet fur cinq airs differens. Madame de France reprefentant Minerve au milieu des Vertus qui l'accompagnoient.

Il y a de grands defauts dans la conduite de ce Ballet. 1. Le Prologue y a plus d'étendüe que le refte de la piéce. 2. Elle commence par la nuit qui en fait l'ouverture, cette nuit eft fuivie du lever de l'Aurore, & du Soleil, & tout d'un coup aprés une Entrée d'Africaines, on fe trouve au coucher du Soleil par une entrée d'un Berger qui ramene fon Troupeau. 3. Rien n'y prepare au Triomphe de Minerve qui eft le fujet, car quel rapport y a-t il de la nuit des Ardens, des Sibylles, des Bergers avec le Triomphe de Minerve? 4. Dequoy triomphe cette Deeffe? de la Nuit, des Ardens, des Sibylles, des Tritons, des Tritonides? Rien n'y reffent le Triomphe que le Char fur lequel paroît cette Deeffe. Il n'y a que l'entrée d'Africaines, du Païs où l'on feint que Minerve étoit née, qui appartienne au fujet. Encore de quoy fert de leur donner des Cafques & des Maffes d'or, fi elles ne combattent point? Enfin ce Triomphe eft un Triomphe de Nuit, puis qu'il fe fait aprés le coucher du

Soleil. Durand qui fut l'Inventeur de
ce Ballet, n'étoit pas un grand genie. S'il
eut sçeu la Fable, & s'il avoit été instruit des Ballets des Anciens, il auroit
fait quelque chose de plus juste. Cinquante ans ont bien developpé des choses, & le soin que l'on a pris de perfectionner les Arts & les Sciences, sous
le Regne precedent, & sous celuy-cy
ont bien poly nos mœurs, & nos usages.

Ce n'est pas qu'il n'y eut dés lors &
de l'esprit & du bon sens, mais par un
malheur assez ordinaire pour les gens
de Lettres, ceux qui seroient les plus
capables de conduire ces ouvrages, n'y
sont pas toûjours employez, & l'on
s'en remet à des gens qui n'y entendent
rien, tandis que les plus habiles sont
obligez d'aller exercer leurs Talens en
des Pays étrangers. C'est ce qui arriva
pour lors, car deux ou trois ans avant
que l'on dansât ces Ballets, des François firent en Angleterre & dans le Pa-
latinat, des Spectacles aussi ingenieux
que magnifiques pour les Nopces de
Frideric V. Comte Palatin du Rhin,
avec Madame Elizabeth fille unique &
princesse de la Grande Bretagne.

On commença ces Festes par des spe-

ctacles de feu les plus surprenans du
monde, puis qu'on y vid en l'air un
Combat de saint George avec un Dragon pour la delivrance d'une princesse,
& une Chasse de feu, où les Chiens
& les Chasseurs poursuivoient un Cerf
sur la Tamise. On fit voir sur cette même Riviere un Combat Naval des Ve-
nitiens contre les Turcs, avec un secours des Anglois. On servit un Festin
superbe en Musique & en Ballets, où
les Dieux portoient les Services. Orphée, Apollon, & les Muses y firent
de belles Entrées. Aprés ces solennitez
faites à Londres, les Villes de Hollan-
de representerent au passage de ces
Princes, des Combats sur les eaux, &
firent des Feux d'Artifice merveilleux.
Franquendal fit representer le Siege de
Troye avec le Cheval de Bois, & fit
quelque chose de semblable à ce qui
s'étoit fait à Lisbonne pour la Beatification de saint Ignace. Mais il n'y eut rien
de semblable aux Festes d'Heidelberg,
conduites par un François. Car outre
l'Entrée ou les Arcs de Triomphe, &
quantité d'autres Machines, firent voir
tout ce que l'Architecture & la Peinture peuvent faire de plus beau ; on fit
un Tournoy, où le Marquis d'Anspach,

le Prince d'Anhalt, le Comte de Solms,
le Baron de Crehange , le Comte de
Mansfeld , le Baron de Fleckenstein,
le Duc de Wirtemberg, le Comte Craft,
les Barons de Lignange , & de Dhona,
les Seigneurs de Guintrot , & d'Helm-
ster, & les Princes Palatins , rompirent
la Lance les uns contre les autres , puis
deux contre deux , trois contre trois,
quatre à quatre , & cinq à cinq. Ce
Tournoy fut suivi le lendemain d'un
magnifique Carrousel dont le sujet étoit
la Conqueste de la Toison d'or. Le Duc
des Deux-Ponts y representoit Pelée,
le Prince d'Anhalt, Thelamon , Pallas,
Mercure, Chiron , Junon, Iris , Neptune, Glauque, Castor, Pollux, Ad-
mete , Ancée , Meleagre , Oileus , &
Jason étoient de cette troupe , mêlée de
Dieux & de Heros. Les Sirenes , le
Dragon , les Taureaux aux pieds d'Airain, Orphée & le Vaisseau des Argonautes , faisoient une partie de la Feste,
Les Cavaliers de Mars, d'Apollon , &
de Venus firent autant de Quadrilles,
accompagnez d'Hercule & de quelques
autres demy Dieux , des Muses, & des
Graces. Bacchus, les Silenes , les Zephyrs, Pan, & les Dieux Champestres
furent de la Feste, les Amazones s'y trouverent.　　　　　　　　　　　　*Entre*

Entre les Ballets qui se firent en Angleterre, il y en eut un d'Orphée, qui au son de sa Lyre se fit suivre des animaux, Mercure descendant des Cieux annonça à ce divin Chantre qu'il se feroit suivre des Astres aussi bien que des Animaux, & le Ciel s'étant ouvert, parut tout couvert d'Etoiles ; Mercure pria Jupiter de changer ces Astres en Cavaliers, & en Dames qui descendirent du Ciel, & firent un agreable Ballet.

Il s'en fit un plus solennel quelques jours aprés. Il commença par une Mascarade aux flambeaux accompagnée de deux Chariots, sur lesquels étoient tous les personnages du Ballet, qui apres avoir passé en pompe par toute la la Ville, vinrent au palais Royal, où ils trouverent leur Theatre dressé dans une sale.

Le sujet du Ballet étoit, que l'Honneur avoit acquis tant de Gloire parmy les hommes, qu'ils luy avoient dressé un Temple dont la Justice étoit établie solennellement la prestresse, pour luy offrir des Sacrifices. Le Dieu des Richesses, & le Caprice cherchoient l'entrée de ce Temple, sans pouvoir y être introduits, la troupe de l'un & de l'au-

K

tre fit des Entrées plaiſantes: Des Princes Indiens quittant les Mines d'or, où
Plutus les tenoit comme liez, viennent
au temple de l'Honneur. D'autres y
vinrent avec des flambeaux allumez.
L'Amour & la Beauté y furent introduits par l'Honneur pour chanter
l'Hymne Nuptial des nouveaux Epoux.

Deux jours aprés, trois cent Gentilshommes étudians au Droit, repreſenté-
rent toutes les natiõs du monde, & vinrent par la Tamiſe, juſqu'au palais du
Roy où ils danſerent un Ballet Allegorique, dõt le ſujet oppoſé à cet ancien
Vers. *Et toto diviſos orbe Britannos*, étoit
que la Religion avoit joint le monde
avec l'Angleterre Les Miniſtres Prote-
ſtans firent le deſſein de ce Ballet, pour
favoriſer leur Religion, & dirent que
le monde quittant ſes erreurs ſe ren-
droit à la connoiſſance de la Verité
qu'ils prétendoient n'être purement
prêchée qu'en Angleterre, & dans le
palais qui s'uniſſoient par le moyen de
cette Alliance. Pour cela ils feignirent
qu'Atlas ne pouvant plus ſoûtenir le
grand fardeau du monde dont il étoit
chargé depuis longtemps, venoit le remettre entre les mains *d'Alithie*, qui eſt
la Verité. La Scene repreſentoit le

grand Globe du monde marqué de toutes les provinces comme elles sont marquées sur les Globes, & la Verité cou-
chée auprés de ce Globe. Les Muses
vêtuës en Vestales firent l'ouverture,
& chanterent ces Vers au Roy,

Le Monde te vient faire Hommage
Grand Roy, de sa fertilité,
Puisqu'icy loge la beauté,
Et l'Amour l'honneur de nôtre aage.
Il vient chercher la verité
Chez vous où son temple est planté.

Aprés quoi Atlas se plaignant de sa
lassitude, dit qu'ayant appris d'Archi-
mede, que si on lui donnoit un point
ferme, il enleveroit toute la masse du
monde qui lui avoit donné tant de peine à porter, il étoit venu dans la Bretagne qui étoit ce point fixe pour se dé-
charger d'un si pesant fardeau sur Alithie, qui demeuroit dans cette Isle, ou
le Roy l'avoit receuë si favorablement.
Ayant fini son recit il s'approcha du
Globe accompagné de trois des Muses
Uranie, Clio, & Terpsicore qui chanterent ces Vers.

Sortez Europe la premiere,

K ij

Puisque vôtre ame a ja receu
Quelques Rayons de la lumiere ;
Que le saint Esprit a conceu
Amenez icy vos Princesses,
Pour en recevoir les addresses.

Aussitôt la partie du Globe ou l'Europe étoit décrite, s'ouvrit, l'Europe en sortit vêtuë en Reine avec cinq de ses Filles, la France, l'Espagne, l'Allemagne, l'Italie, & la Grece. L'Ocean, & la Mer mediteranée l'accompagnerent avec cinq Rivieres, la Loire, le Guadalquivir, le Rhin, le Tibre & Acheloüs. Chaque Princesse avoit trois Pages. La France, un Basque, un Breton, & un Lorrain. L'Espagne un Portugais, un Arragonnois, & un Catalan. L'Allemagne un Hongrois, un Bohemien, & un Danois. L'Italie un Neapolitain, un Venitien, & un Bergamasque. La Grece un Turc, un Albanois, & un Bulgare, chacun habillé à la maniere de son pays & portant un flambeau en main, avec lequel ils danserent un avant-Ballet, selon l'usage de ces temps là ou l'on ne manquoit jamais, d'introduire des Pages ou des Esclaves qui dansoient avec des flambeaux

Aprés cet avant-ballet, des princes fortirent du Globe, & danserent avec les
princesses une belle Entrée. Atlas prit
ensuite trois autres Muses, Calliope,
Melpomene, & Erato, & les faisant
chanter auprés du Globe, il en vit sortir l'Asie avec ses filles, la Syrie, la Pa-
lestine, la Mesopotamie, la Chaldée,
l'Assyrie, l'Arabie, & la Perse. Le Golfe
de Bengala, la Mer Rouge, & la Mer
Caspienne, avec le Tigre, l'Inde, le
Gange, l'Euphrate, le Jourdain, & le
Tanaïs, firent diverses Entrées. Les Pages des princesses étoient vétus à la Mos-
covite, à la Tartare, à la Turque, à
l'Indienne, à la Juifve, à l'Egyptienne,
à la Phrygienne, &c. Chacun avoit un
flambeau allumé comme les precedens,
& ils danserent leur avant-Ballet.

Atlas avec les trois autres Muses fit
sortir l'Afrique du Globe, en chantant
ces Vers

Sortez Afrique monstrueuse
En erreurs plus qu'en animaux,
Et cherchez en cette Isle heureuse
Le repos à tous vos travaux.
C'est icy que la Verité
Veut que son temple soit planté.

L'Afrique fortit auffitôt accompagnée de quatre Princeffes, la Barbarie,
la Numidie, la Lybie & l'Ethiopie.
L'Ocean Atlantique & l'Ethiopique
les efcortoient avec le Nil, le Zambere,
le Niger, & l'Agaife. Les Pages étoient
du Brefil, de Madagafcar, de la Guinée
de Tunis, de Fez, d'Alger, de Mora-
vie, & du Mozambique, vétus à la
maniere de leurs Pays. Ce furent autant d'Entrées de Ballet à la maniere des
precedentes, chaque Mer, & chaque
fleuve appoita des prefens à la Princeffe.

Cet ufage de faire des Prefens dans
les Ballets a été frequent. Au Ballet des
Nopces du Duc de Joyeufe avec Mademoifelle de Vaudemont fœur de la Reine Loüife, les Nayades & les Driades
rfent des prefents de Medailles d'or
avec des devifes. La Reine donna au
Roy une grande Medaille d'or où étoit
un Dauphin, nageant avec ces mots,
Delphinum ut Delphinem rependat.

Je vous donne un Dauphin, que j'en
reçoive un autre.

Madame la Princeffe de Lorraine
donna à Monfieur de Mercœur une
medaille où étoit une Sirene avec ces
mots.

Siren, virtute haud blandior ul'a est.

En charmes, en vertu nulle autre ne l'égale.

Madame de Mercœur presenta à Monsieur de Lorraine une Medaille de Neptune avec cette devise.

Par mens invicta Tridenti.

C'est d'un air assuré qu'il soûtient son Trident.

Madame de Nevers donna à Monsieur de Guise une Medaille figurée d'un Cheval marin avec ces mots.

Adversus semper in hostem.

Toûjours prest à combatre, il cherche l'Ennemi.

Madame de Guise à Monsieur de Genevois un Arion sur un Daufin.

Populi superat Prudentia fluctus.

Le Sage se sçait mettre au dessus des dangers.

Madame d'Aumale donna au Marquis de Chaussin une Medaille dont la Devise étoit une Baleine avec ces mots.

Cui sat nihil ultra.

A qui suffit le sien, rien n'est à desirer.

Madame de Joyeuse donna au Marquis de Pont le Physeter qui est une espece d'Orque ou de Baleine avec ces mots.

Sic famam adjungere famæ.

Ainſi croiſtre toûjours en allant à la
gloire.

La Marêchale de Rez donna à Mon-
ſieur d'Aumale un Triton tenant un
Trident au deſſus des flots irritez avec
ces mots.

Commovet & ſedat.

Il les meut comme il veut, & ſçait les
appaiſer.

Madame de Larchant donna à Mon-
ſieur de Joyeuſe le Coral tiré de l'Eau.

Eadem natura remanſit.

Son cœur n'eſt pas changé pour changer de couleur.

Je donneray ailleurs le reſte de ces
deviſes.

On fit de ſemblables preſens au Ballet qui fut danſé devant les Polonnois
quand ils vinrent offrir la Couronne de
Pologne au Duc d'Anjou qui fut depuis
Henry III. La Reine ſa mere lui fit preſenter par les fleuves de Pologne & de
France, des Cartouches d'Or avec des
Emblémes ou des deviſes, que je rap-
porteray ailleurs en traitant l'hiſtoire
des deviſes.

Il s'eſt fait pluſieurs preſens en la
Cour de Savoye dans divers Ballets,
qui y ont été danſés, & il ſemble que
ſét uſage ſoit venu des Romains qui fai-

ſoient

foient dans les jeux publics, des prefens aux Soldats & aux Chefs des Armées, qui avoient fait de belles actions, on a encore retenu cet ufage, pour diftribuer les prix des Tournois, & des Carroufels, qui fe donnent ordinairement dans des Bals au milieu des Danfes.

A Modene l'an 1652. les Archiducs Ferdinand, Charles, & Sigifmond François, paffant avec l'Archiducheffe, fœur du grand Duc de Tofcane, on fit pour leur reception une petite action en Mufique accompagnée de Ballets dans la Sale du Palais. Le fujet fut la fortie d'Achille du Palais de Licomede où il étoit caché parmy les filles de la Reine. Le Centaure Chiron qui fait dans le Ciel le figne du Sagittaire, & qui avoit eu foin de l'éducation d'Achille, fit l'ouverture de l'action paroiffant dans le Ciel, dans la partie du Zodiaque qu'il occupe. La Reine fortant du Palais, invite fes filles à la Promenade, comme elles fortoient à la fuite de cette Reine, Ulyffe s'avance en habit de Marchand, & offre à la Reine des Marchandifes étrangeres à acheter. Il étoit fuivi de huit de fes compagnons, qui portoient dans autant de Balles mille raretez de prix. Ils étalent leurs mar-

L

difes, tandis que les filles de la Reine danfent, & la Reine pour les recompenfer de leur addreffe, prend dans les Balles des Marchands, de quoy leur faire des prefens. Achille qui étoit deguifé parmy les filles de la Reine, refufe tous les prefens de la Reine, s'attache à confiderer une Efpée qu'il prend, & fe mettant à danfer au milieu des Demoifelles avec fon Efpée nüe, il les fait trembler, & danfe d'une maniere fi noble & fi guerriere, qu'Uliffe ne doute plus que ce ne foit Achille. Il commande alors aux Trompettes de fonner, la Reine & fes Filles fuyent à ce fon, tandis qu'Achille continuë d'une maniere plus fiere à efcrimer. Ulyffe l'ayant reconnu à cette marque, lui chante ces deux Vers.

Bella gloria vi chiama ad alte imprefe
O Garzone reale.

Puis s'addreffant à fes compagnons, il leur fait quitter leurs habits de Marchands pour s'armer en Soldats. Ils prennent dans leurs Balles leurs armes, & arment en danfant Achille, avec qui ils font une belle entrée de Ballet.

En Baviere, la feu Electrice fit un Sapate pour le Duc de Baviere fon Mari, dont le fujet étoit Thetis en fefte, parce que l'on feignoit que Chiron, ayant confolé cette Deeffe de la mort d'Achille fon fils, il avoit confeillé à cette Deeffe, de faire prefent des armes de ce Heros, à celui d'entre les mortels qui auroit plus de rapport à la valeur & au courage de ce demi-Dieu. La Deeffe aprés avoir couru toutes les Mers & toutes les Rivieres du monde durant plufieurs fiecles, en vint faire prefent au Duc Ferdinand.

Le ballet de Londres qui m'a fait faire cette digreffion fur les prefens, fe termina par des Chanfons des Mufes qui invitoient toutes les Provinces du monde à fuivre la Religion d'Angleterre, & alors toutes les Reines, les Princeffes, les Mers, les Fleuves. les Nations fe tournant vers la Verité, fe profternerent devant elle, & Atlas la remercia en même temps de l'avoir déchargé du monde qui lui étoit devenu un fardeau infuportable, à caufe des pechez des hommes. Enfin le Paradis parut, dont un Ange defendoit l'entrée. Mais la Verité l'ayant defarmé de l'Epée menaçante avec laquelle il empéchoit d'étrer dans un lieu fi faint, elle introduifit dans ce lieu ces Reines, ces Princeffes, & ces Nations, & une troupe nombreufe d'Anges & de Cherubins paroissant parmy les Estoiles, firent un grand Concert de Musique, & ainsi se termina ce fameux Ballet, à qui nos Historiens ont donné le nom de moralitez, parce que les nouveaux Reformateurs faisoient des sujets d'instruction de ces divertissemens.

Les Anciens avoient quatre especes de Ballets, les Tragiques, les Comiques, les Satiriques, & les Thymeliques. Les Ballets tragiques étoient graves & serieux, & leurs sujets se prenoient dans l'Histoire, ou dans la Fable. Les Comiques étoient plaisans & bouffons. Les Satyriques étoient libres & indecens. Les Thymeliques étoient allegoriques.

On a retenu parmy nous les Ballets Tragiques, les Comiques, & les Thymeliques, les autres étant indignes de paroître parmy les personnes qui font profession de bonnes mœurs, de Religion & de pieté. Quoy qu'il y ait souvent à dire dans la conduite de ces piéces dramatiques, lorsque les Autheurs des Danses & des poësies, qui les accompagnent, inserent des allusions dangereuses, des maximes, & des expressions opposées à la pudeur, & aux bonnes mœurs d'une Religion aussi sainte que la nôtre. Il est vray que nôtre Theatre s'est fort purgé de ces ordures qui l'avoient rendu infame, & que nôtre Langue n'est pas moins chaste, qu'elle est devenuë polie depuis trente ou quarante ans

Toutes ces especes de Ballets ont des regles pour leur conduite, comme j'ay déja fait voir. Au premier livre de l'Anthologie Grecque, il est parlé d'un Pylade excellent faiseur de Ballets Tragiques, qui en fit un de Bacchus montant au Ciel, & mangeant avec les Satyres & les Bacchantes, où il observa exactement toutes les loix du Ballet, comme dit cette Epigramme. *Si ta'is Bacchus ascendit in sacrum Olympum, comessans cum Bacchis & Satyris, qualem Pylades artificiosus eum saltavit secundum leges rectas Poëtarum Tragicorum.*

Plutarque a parlé de ce Pylade en ses questions de Banquet, lorsque traitant des divertissemens qui se doivent admettre dans les Festins, il en bannit la Tragedie, parce qu'elle est trop serieuse, & qu'elle imprime dans l'esprit des spectateurs, la compassion & la crainte, qui troubleroient la joye des Festins. C'est pour la même raison,

L iij

qu'il n'y veut pas recevoir les Ballets de
Pylade, parce qu'ils excitent dans l'ame
de semblables passions, & qu'ils demandent naturellement un trop grand
nombre d'Acteurs. ἀποπίμπω δὲ τῆς ὀρχή-
σεως τὴν πυλάδειον, ὀγκώδη, κ᾽ παθητικήν,
καὶ πωλυπρόσωπον οὖσαν. Le même Autheur
distingue les Ballets graves & serieux
qui ont une Fable, ou une conduite
Poëtique, de ceux qui ne font que des
boutades pour rejoüir les Spectateurs.
Il donne aux premiers le nom *d'Hypo-*
theses, parce qu'ils ont des Arguments
reglez, & aux autres le nom de *plaisan-*
teries, ou de *boutades*, comme nous les
appellons. μόμοι τινές εἰσιν ὧν τὰς μὲ
ὑποθέσεις, τοῖς δὲ παίγνια καλοῦσιν *Sympos.*
l. 8. qu. 8. Les premiers, dit-il, demandent une étendüe d'action qui n'est pas
necessaire aux autres, & il y faut de la
dépense, à cause des Machines.

Ces Ballets graves & serieux eurent
le nom de Ballets Hieroniques, qui
étoit le nom des Danses sacrées, qui
se faisoient aux jeux Olympiques. Une
ancienne Inscription nous apprend,
qu'un Publius Ælius Affranchi d'Auguste, qui prenoit le nom de Pylade,
à cause d'un fameux Danseur de même
nom, commença de faire à Rome des

Ballets de cette forte.

ÆLIUS AUGUSTI LIBERTUS PYLADES PANTOMIMUS HIE-RONICA INSTITUIT.

Une autre infcription dit qu'un au-tre Affranchi d'Augufte nommé Ul-pius, danfa de femblables Ballets, & l'emporta fur tous les Pantomimes de fon temps, ayant été publiquement couronné.

ULPIUS AUGUSTI LIBER-TUS MAXIMUS PANTOMI-MORUM CORONATUS AD-VERSUS HISTRIONES OM-NES SCENICOS ARTIFICES HIERONICA.

C'eft de là qu'eft venu l'ufage, de donner dans les Tournoys des Prix à ceux qui ont paru les plus galans dans leurs inventions & leurs habits, ou qui ont porté la plus belle Livrée, & la plus belle Devife. Ainfi au Carroufel qui fe fit à Naples, pour le Mariage du Prince d'Efpagne avec Madame de France, les Chevaliers Romains eurent le prix pour le plus bel Equipage, &

donnerent ce prix à Madame l'Ambaſſadrice d'Eſpagne à Rome, qui étoit venüe à cette Feſte. Le Duc de Matalone eut celuy de la plus belle invention qu'il donna à la Comteſſe de Xelues, & le Marquis de Spennazola, celuy de la plus belle Deviſe qu'il donna à Adrienne de Sangro.

L. 1. c.
78.   Artemidore parlant des Ballets Tragiques, dit qu'ils repreſentent les perſonnes Royales.

Pylade à ces Ballets Tragiques joignit les Thymeliques, ou Allegoriques : & l'Anthologie Grecque nous apprend que ce fut de Thebes qu'il les fit paſſer en Italie.

Ces Ballets Allegoriques devinrent ſi celebres à Rome, que les premiers Magiſtrats ne faiſoient pas difficulté d'être les Contrôlleurs des dépenſes qui ſe faiſoient pour ces Ballets, nous en avons un illuſtre monument en une Inſcription antique qui eſt à Lyon, où un Sabinius Aquila, Receveur de la plûpart des Deniers de l'Empire, & qui en avoit, comme les Fermes generales, prend cette qualité de Controolleur des dépenſes qui ſe faiſoient pour les jeux.

EXACTORI RELIQUORUM ANNONÆ SACRÆ EXPEDITIONIS PROC. IN URBE. MAGISTRO XX. IBI LOGISTÆ THYMELÆ.

Monfieur Spon qui a copié aprés moy cette Infcription, que j'ay decouverte le premier dans la maifon d'un ancien Echevin de Lyon, interprete ce mot *Thymelæ* du parterre dans les Theatres , où les Bouffons faifoient leurs Gefticulations , & les Muficiens leur Symphonie. Mais tant s'en faut , que ce fut le parterre du Theatre , que c'étoit un lieu élevé que les Sçavans rendent en latin par le mot de *Pulpitum* , & en François , par celui de *Loge* , qui vient du mot Grec λογεῖον , d'ou celuy de *Logifta* étoit derivé. Plutarque, parle de ces Loges dans la vie de Demetrius.

Voicy la defcription de ces Loges. *Thymele pulpitum erat in orcheftra altum pedes quinque , in quo Chorus Tragœdiarum & Comœdiarum , quoad Comœdiæ chorum habuerunt , cæterique perfonam non habentes fabulæ fubferviebant , hiftrionibufque in Scenam abditis populum gefticulatione retinebant.* C'eft à dire, que c'étoit une espece de Theatre élevé de cinq pieds, sur lequel on plaçoit les chœurs des Tragedies, & ceux de la Comedie, quand elle en avoit, & c'étoit là que se representoient les intermedes de ces actions par des Musiques, des Ballets, & des Concerts, afin que le Theatre ne demeurât pas vuide quand ces Acteurs changeoient d'habits, & se preparoient pour les Scenes qu'ils devoient remplir.

L'Origine de ce Theatre à chanter & à danser, vient de ceux que l'on élevoit auprés des Autels dans les grandes ceremonies pour y placer les Musiciens qui chantoient durant les Sacrifices. Et Suidas dit clairement, que c'est de deux mots Grecs qui signifient chanter & sacrifier, que le mot de *Thymele* a été formé. Il signifioit aussi un Autel. Quand Monsieur Spon fait agir les Bouffons sur ces Theatres, destinez à des Ballets graves & serieux, il confond avec ces Theatres le nom d'une Baladine nommée Thymele, à qui Domitien prenoit plaisir de voir joüer des roolles bouffons, comme Martial a remarqué quand il prie cet Empereur de lire ses Epigrammes avec le même esprit, avec lequel il entendoit les plai-

fanteries de Thymele, & de Latinus
fon-mary.

Quà Thymelen fpeɛtas deriforemque
Latinum.
Illa fronte precor carmina noftra leg s.

Il eſt vray que les Chœurs de la Comedie ayant été abolis pour la raiſon
qu'Horace a touchée, quand il a dit
que les loix les defendirent, parce qu'on
s'y donnoit la liberté de nommer les
perſonnes, & de les montrer au doigt,
ce qui étoit l'occaſion d'une infinité de
querelles, on trouva l'invention de repreſenter les perſonnes par des maſques,
des Geſtes & des Danſes dans les
Ballets, qui firent inſenſiblement dege-
nerer les Ballets Thymeliques en bouf-
foneries, & rendirent infâmes ceux
qui repreſentoient ces actions, comme
on peut voir dans le Digeſte *de his qui*
notantur infamia. Cela n'empéche pas
que l'origine n'en ait été grave, &
qu'un Magiſtrat n'ait pû y donner ſes
ſoins. C'eſt de cette liberté de marquer
les perſonnes que les Ballets qui font
alluſion aux choſes preſentes ſe nommoient Thymeliques. Il s'en fait encore de cette eſpece, & l'an *1616.*

le Roi ayant fait arrester Monseigneur
le Prince de Condé, on fit peu de
temps aprés un Ballet ou un Dialogue
de Damon & de Silvie, qui faisoit allu-
sion à l'état des affaires presentes.

Damon. *Dois-je perdre tout mon âge*
　　　　Sans repos ny liberté.
Silvie. *Berger vous étiez volage,*
　　　　Mais vous étes arresté.
Damon. *Au moins qu'on me fasse enten-*
　　　　dre
　　　　Pourquoi je suis retenu.
Silvie. *Berger vous me vouliez prendre,*
　　　　Mais je vous ai prévenu.
Damon. *Pour vous en cette contrainte*
　　　　Je meurs la nuit & le jour.
Silvie. *C'est de regret ou de crainte,*
　　　　Vous ne mourrez pas d'amour.
Damon. *Je commence de comprendre*
　　　　Pourquoi l'on m'a retenu.
Silvie. *Berger vous me vouliez prendre,*
　　　　Mais je vous ai prévenu.
Damon. *Amour de vous prit naissance,*
　　　　Par vous il est triomphant.
Silvie. *Je conserve la puissance*
　　　　De la mere & de l'enfant.
Damon. *Helas je viens de l'apprendre,*
　　　　Par ce qu'il m'est avenu.
Silvie. *Berger vous me vouliez prendre,*

Mais je vous ai prévenu.

Damon. Qui pourroit de vôtre face
Voir les lys sans vous servir ?

Silvie. Mais vous avez eu l'audace
De me les vouloir ravir.

Damon. Le Myrthe qui vous couronne
Est fort agreable à voir.

Silvie. On doit aimer ma couronne
Sans aspirer de l'avoir.

Damon. J'ai plus travaillé pour elle
Que jamais ne fit amant.

Silvie. Le travail de l'infidele
Est digne de châtiment.

Damon. Les Bergers de mon village
Me conseilloient ce dessein,

Silvie. Vous n'étiez donc guere sage,
Et leur conseil guere sain.

Damon. Voyant ma misere extreme
Appaisez vôtre courroux.

Silvie. Si j'ai pitié de moi-mème
Je ne puis l'avoir de vous.

Damon. Puisque ma faute est passée
Perdez en le souvenir.

Silvie. Je la garde en ma pensée
Pour tout le temps à venir.

Damon. Mon credit Nymphe hautaine
Vous pourroit servir à point.

Silvie. Ma puissance plus certaine
C'est que vous n'en ayez point.

Damon. *Mes Bergers feront divorce*
Me voyant si mal mené.

Silvie. *Lors que le chef est sans force*
Le reste est bien étonné.

Damon. *Je ferai pour vous complaire*
Vos vouloirs incontinent.

Silvie. *Vous ne les sçauriez mieux faire*
Qu'on voit être maintenant.

Damon. *Mes mâtins pleins de furie*
Feront la garde pour vous.

Silvie. *Mais toute la Bergerie*
Croit que vos chiens sont des
loups.

Damon. *De vous honorer, Silvie,*
J'en jure sur mon trépas.

Silvie. *Et je jure sur ma vie*
Que je ne vous croirai pas.

Damon. *Avec l'ardeur de mon ame*
Je n'en puis venir à bout.

Silvie. *J'aurois peur que vôtre flame*
Vint mettre le feu partout.

Damon. *A la fin chacun s'accorde*
Vous aurez pitié de moi.

Silvie. *Je suis sans misericorde*
A ceux qui n'ont point de foi.

Damon. *Je ne m'y dois plus attendre,*
Mon dessein est reconnu.

Silvie. *Ma foi vous me vouliez prendre,*
Mais je vous ai prévenu.

Toute l'œconomie des Ballets n'eſt
donc autre choſe que la juſte diſtribu-
tion d'un tout en ſes parties eſſentielles , ou de bien-ſeance ; un juſte arrangement des cauſes, des effets , des
proprietez , des circonſtances, des évenemens , d'une choſe, une liaiſon de
fables , d'exemples , & d'imaginations
à un méme ſujet. Enfin un tout, de
quelque nature qu'il ſoit, agreablement
& ingenieuſement developpé.

Quand le Pere Mambrun veut que
le Ballet n'embraſſe qu'une ſeule action,
comme la Tragedie & la Comedie, il
ſuppoſe un faux principe , diſant que
tout art dont le propre eſt d'imiter ,
ne doit imiter qu'une action, ce qu'il
prétend établir par trois autorités ,
l'une d'Ariſtote , l'autre de Robortel,
& la derniere d'Averroës. Voici ſes
ſentimens. *Primum eſto Tripudii ſim*
omnem in imitatione poſitam eſſe , quia
actiones hominum exprimantur. Il eſt
vrai que tout Ballet eſt une imitation,
mais tout Ballet n'eſt pas neceſſairement une imitation des actions des
hommes, puiſque l'on fait danſer les
animaux , & les choſes mémes inſen-
ſibles.

Martial parle des Ballets des Ele-

phans *Et molles dare jussa quod choreas,*
Nigro bellua nil negat magistro :
Quis spectacula non putet Deorum ?
105. Et si selon Suidas, Atehnée, Marius
Victorinus , & plusieurs autres, les
Ballets ont été institués pour imiter
les mouvemens celestes , il n'est pas
absolument necessaire qu'ils soient des
imitations des actions humaines , &
le nom des Pantomimes que les Anciens
donnerent aux danseurs de Ballets ,
nous apprend qu'ils se proposoient
d'autres choses à imiter que les actions
humaines , puis qu'il n'y avoit rien
qu'ils n'imitassent. *Alterum est* , continuë ce Pere , *ut quoniam omnis ars quæ
in imitatione posita est , unam actionem
imitatur, necesse sit Tripudium uni actio-
ni servire.* Voilà son sentiment , voici
les preuves. *Hujus pronuntiati Auctores
tres adduco luculentos. Primus sit Philo-
sophus. Cap. 8. Lib. de Poët.* χρὴ ὁμῶ
καθάπερ ἐν ταῖς ἄλλαις μιμητικαῖς ἡ μία
μίμησις ἑνός ἐστιν οὕτω κ' τὸν μῦθον , &c.
*Id est. Oportet igitur ut quemadmodum
in aliis (artibus) imitatricibus , una est
imitatio unius , ità fabulam , &c. Al-*
ter esto Robortellus. In illum locum
Aristotelis in hæc verba loquitur. *Per
alias artes intelligi puto artem pingendi ,*
sculpendi

ſculpendi , ſaltandi , &c. Tertius ſit Averroës commento ſuo in hoc caput de Poëtica ; quem hîc hoc maximè nomine produco , quia ratione nititur robuſta. *Oportet (inquit) ut ars imitetur naturam , videlicet , ut omnia quæ agit , agat ſecundùm unum propoſitum ſinem , & ad eum omnia referat.*

Nul de ces Auteurs ne parle d'unité d'action , mais ſeulement d'unité de ſujet. Ainſi on pourroit faire un Ballet des illuſions qui ſeroit d'un ſeul ſujete de pluſieurs actions. Comme le Ballet de la Nuit, où les entrées ſont ſi diſparantes , quoi que toutes ſe rapportent au ſujet.

Lucien marque expreſſement que l'unité d'action n'eſt point du tout du Ballet , quand il dit , *Les autres choſes qu'on voit & qu'on entend ſont unes , c'eſt à dire , ne repreſentent qu'une ſeule idée ; mais le Pantomime eſt toûjours pluſieurs choſes , & il y a du plaiſir à voir la multitude & la diverſité de ſon appareil.*

Venons aux figures qui ſont la ſeconde choſe eſſentielle au Ballet , ou comme parlent les maîtres, la ſeconde partie de qualité.

M

DES FIGURES.

IL n'y a rien de si essentiel au Ballet que les *figures* & *les mouvemens*, parce que le Ballet qui est selon plutarque une danse muette, est une peinture parlante, c'est à dire, qui s'exprime par les figures, les gestes, & les mouvemens. ζωγραφία ὄρχησις σιωπῶσα. Ces figures sont infinies, dit ce même Auteur, parce qu'il y a une infinité de choses que le Ballet peut exprimer. Ce qui faisoit dire à Phrynichus l'un des plus anciens Auteurs de Tragedies, que le Ballet lui fournissoit autant de figures differentes, que la mer a de flots aux grandes marées d'hiver.

> *Tot mihi subjecit gratas saltatio for-*
> *mas,*
> *Hiberna fluctus quot mare nocte daret.*

Il a même affecté de se joüer sur la ressemblance qu'il y a entre les mots qui signifient flots de la mer, l'hiver & celui dont les Grecs se servent pour exprimer les figures des Ballets, car il dit en sa langue,

Σχήματα δ' ὄρχησις τόσα μοι πόρεν ὅσσα ἐνὶ
 πόντῳ,
Κύματα ποιεῖται χείματι νὺξ ὀλοή.

Les Latins retinrent ce mot Grec pour exprimer les figures des Ballets, puisque Sidonius Apollinaris pour loüer son ami Consentius du plaisir qu'il prenoit à ces spectacles, dont il étoit tres-capable de bien juger, dit parlant des plus habiles Pantomimes.

Coram te Camaralus, aut Phabaton
Clausis faucibus, & loquente gestu,
Nutu, crure, genu, manu, rotatu,
Toto in schemate vel semel latebit.

Sidon.
carm. 23
de Nar-
bone.

Ces figures ne sont autre chose que les Acteurs ou les Personnages du Ballet que les Acteurs representent, comme Jupiter, Mercure, Mars, Thesée, Hercule, Jason, la Curiosi-té, la Mode, les Songes, le Jour, la Nuit, &c. Ce qui se fait par les habits, les symboles, les masques, & certains gestes ou mouvemens qui sont propres ou particuliers à certaines per-sonnes; comme Vulcain étoit boiteux, Esope étoit bossu, Tiresias étoit aveugle.

Ces figures sont fort à considerer dans le Ballet. Il y en a que l'usage a tellement determinées qu'elles ne lais-sent rien à inventer. Il ne faut que

M ij

s'en tenir à cét ufage. Ainfi Saturne fe reprefente toûjours en vieillard avec fa faux, Mercure avec fes aîles, fes talonnieres, fon capot, fes aîles, & fon caducée. Les Cyclopes en forgerons. Apollon auec la lyre, & la couronne de laurier ou de rayons. Les Perfonnages hiftoriques fe reprefentent ou felon leur dignité, comme un Roi, un grand Preftre, un Efclave, un Marchand, &c. ou felon quelque évenement particulier qui fert à les diftinguer, comme Hercule avec fa maffuë & fa peau de lion. Samfon avec une mâchoire, David avec la harpe, & la couronne. C'eft ce que Sidonius Apollinaris a expreffement remarqué en infinuant les fujets de plufieurs Ballets danfez par les Anciens, comme Thefée, Jafon, Cadmus, Thyefte, Philomele, le raviffement d'Europe, Danaë, Leda, perfée, Andromede, Ganymede Mars pris dans les filets de Vulcain, Circé, le fiege de Troye, &c.

Toto in fchemate vel femel latebit
Sive Ætias, & fuus Jafon
Indcuuntur ibi ferufque Phafis,
Qui jactos fuper arva Colcha dentes
Expavit fruticante cum duello

Spicis spicula mixta fluctuarent,
Sive prandia quis refert Thyestæ,
Seu vestros Philomela torna planctus,
Discerptum aut puerum, cibumque fa-
    ctum
Jam jam conjugis innocentioris.
Seu raptus Tyrios, Jovemque Taurum
Spreto fulmine fronte plus timendum,
Seu turris Danaë refertur illic
Cùm multùm pluvio rigata censu est.
Dans plus aurea furta quàm metalla.
Seu Lædam quis agit, Phrygemque
    Ephæbum,
Aptans ad cyathos, facit tonanti
Succo nectaris esse dulciorem.
Seu Martem simulat modò in catenas
Missum Lemniacas, modò aut repulso
Formam imponit apri, caputque setis
Et tergum asperat, hispidisque malis
Læve incurvat ebur, vel ille fingit
Hirtam dorsa feram, repanda tela
Attritu assidue cacuminantem
Seu Perseïa virgo vindicata
Illic luditur harpe conjugalis
Seu quod carminis atque fabularum
Clausa ad pergama dat bilustre bellum.

Le premier de ces vers contient une
remarque essentielle aux Ballets ; c'est
que le même personnage ne doit paroî-

tre qu'une seule fois , du moins sous le méme habit.

Toto in schemate vel semel latebit
Sive Ætias & suus Jason.

La raison de cela est que le Ballet ne representant que par les figures & les mouvemens ; quand le personnage paroît une seconde fois, il n'exprime rien de nouveau quant à la figure , & il faut que les mouvemens soient diversifiez, que l'on puisse entendre ce qu'il represente de nouveau. Il n'en est pas de méme dans la Tragedie, où l'intrigue se mene & se conduit par les paroles & la diction , aussi bien que par l'action.

Les personnages de la fable & de l'histoire ne sont pas difficiles à representer , ce sont les personnages poëtiques , & les expressions de ces êtres purement intellectuels , que les Grecs appelloient , προσωπα νοερα , comme l'Honneur , l'Estime , le Merite , la Gloire , la Verité , la fiévre , &c. Il y en a neanmoins quelques-uns qui sont si bien distinguez , comme la Fortune , la Renommée , la Mort , le Temps , la Justice , que l'on n'est pas en peine des symboles que l'on

doit leur donner pour les faire recon-
noiſtre.

Les anciens revers des Medailles ,
& les Poëtes Grecs & Latins nous
en font connoiſtre pluſieurs , comme
la Religion , la Pieté , la Felicité ,
l'Eternité. Les diverſes Nations ont
leurs habits particuliers qui les diſtinguent. Le Turc a la veſte & le turban , le More la couleur noire , les
Americains leurs habits de plumes.

Les Arts ſe diſtinguent par les inſtrumens qui leur ſont propres , la
peinture par la pallete & les pinceaux,
la Muſique par un habit noté , comme la tablature , l'Architecture par
un niveau , l'Arithmetique par ſes
nombres. Vn peſcheur ſe peut habil-
ler de filets & d'hameçons , auſquels
pendront des poiſſons. Un chaſſeur
ſe connoiſt par le cor & par l'épieu.
Les gueux par leurs habits déchirez.
Les pelerins par le mantelet & le bour-
don , les maſſons par la truelle & le
marteau ; les Suiſſes par leurs habits
& la hallebarde , &c.

Depuis l'uſage des armoiries il eſt
aiſé de diſtinguer les Villes & les provinces , parce qu'elles ont chacune un
de ces ſignes qui ſert à les diſtinguer.

Les Fleuves & les Rivieres se representent avec des couronnes de feüilles d'eau, des poissons flottans sur leurs habits, & dés urnes à la main.

Au Ballet de la Verité ennemie des Apparences dansé chez le Cardinal de Savoye l'an 1634, l'Apparence étoit vétuë de queuës de Paon, & de miroirs, parce que la queuë de Paon semble avoir des yeux, & n'en a que l'apparence, & les miroirs reçoivent toutes sortes de figures sans en retenir pas une.

Les Vents s'habillent de plumes pour marquer leur legereté, & portent des soufflets en main pour exprimer leur action.

J'ai vû une fois le Monde agreablement vêtu. Il avoit pour coëffure le Mont Olympe, & son habit étoit fait en table Geographique, il avoit écrit sur le sein à l'endroit du cœur, *Gallia*, sur le ventre *Germania*, sur une jambe *Italia*, parce que l'Italie a cette figure sur la carte. Sur le derriere *Terra Australis incognita*, sur un bras *Hispania*. Le sujet de la Piece étoit le Monde malade. Il étoit porté par Atlas & Hercule, les Dieux s'assemblerent pour le guerir. Apollon & Esculape

lape qui font les Dieux Medecins lui
tâtoient le poux, Bacchus & Ceres lui
donnoient fa nourriture Mars le devoit
faigner, enfin on lui ordonna une diete de quarante jours. Ce fut le mar-
di gras que cette piece fut reprefentée,
& la diete de quarante jours étoit le
Caréme.

L'efprit & l'addreffe d'un faifeur
de Ballets paroiffent en ces figures
qu'il faut reprefenter clairement, in-
genieufement, & à propos. On donne des étoffes ondées aux Rivieres, on
ajoûteroit des paillettes d'or au Tage à
caufe de fon fable doré, car il faut
exprimer autant qu'on peut les proprietez des chofes.

Les Idées & les Fantaifies furent re-
prefentées à Turin fous des habits bi-
zarres de plufieurs couleurs, couverts
de toutes fortes de rubans bizarrement
ajancez avec des couronnes de fleurs,
de fruits, de perles, & de rubans con-
fufément mélez.

Il y a des habits bouffons qui reüf-
fiffent en Ballet, comme les habits de
foux, de plufieurs pieces de diverfes
couleurs, & les habits garnis de fonnet-
tes. On a fait danfer des lanternes, des bouteilles, des volailles

N

lardées, des Singes, des écrevices, des
quilles, des arbres & l'Argent vêtu de
toutes fortes de pieces de monnoyes.

Quoique le ballet demande que l'on
mêle du plaifant au ferieux, parce
qu'il eft un divertiffement, je ne voudrois pas neanmoins que l'on y def-
cendît jufqu'au bouffon, & à ces danfes de Charlatans, & Saltimbanques dont
les habits, & les poftures indecentes
fentent la liberté de ces danfes impu-
diques contre lefquelles tant de peres
de l'Eglife ont declamé. Nos theatres
ne doivent rien reprefenter qui ne foit
honnête & conforme aux bonnes
mœurs. Rien d'indecent n'y doit paroiftre ; mais comme les danfeurs ont
introduit de ne faire le plus fouvent
que de fimples danfes qui ne reprefentent rien, avec des habits qui n'expriment rien, il faut prendre garde
qu'ils n'introduifent ces danfes & ces
habits ridicules pour réjouïr le peuple,
& pour fe faire diftinguer par la difference des belles danfes, ne le voulant
plus faire par ces reprefentations qui
faifoient la gloire des Pantomimes,
& les adreffes de leur art. On a peine aujourd'hui à leur faire prendre des
fymboles propres aux perfonnes qu'ils

representent , ou à l'action que l'on
voudroit qu'ils exprimaſſent. A peine
void-on ſur la Scene Neptune avec ſon
Trident , Mercure avec ſon caducée
& Jupiter avec ſa foudre, qu'ils les
quittent devant que de danſer. Il n'y
a plus que des bourdons de pelerins ,
des épées , des demi piques & quelques inſtrumens ſemblables, que l'on
retienne , & quoi qne l'on ſoit per-
ſuadé que ces entrées de ſpectacle,
ſoient les plus propres aux Ballets ,
les Maiſtres ont peine à les ſouffrir ,
& ſi ce mauvais goût perſevere, on ne
verra bien-tôt que des Bals au lieu de
ces anciens Ballets , q ui furent ſi celebres dans la Grece.

On promet aux ſpectateurs dans
les ſujets qui s'impriment & qui ſe di-
ſtribuent , de leur faire voir la Felicité,
l'Abondance , la Colere , la Jalouſie ,
la Raiſon, la Pauvreté , la Fiévre , les
plaiſirs ; & l'on ne diſtingue rien de
tout cela ny en la couleur , ny en la
forme des habits , ny aux geſtes , ny
aux autres ſignes qui pourroient les
diſtinguer. Cét abus s'étoit introduit
dés le troiſiéme ſiecle. Et ſaint Augu-
ſtin parlant de ces repreſentations , dit
que l'on avoit été contraint de mettre

sur un bout de Theatre un homme qui à haute voix déclaroit au commencement de chaque entrée ce qu'on vouloit representer, comme les premiers qui peignirent étoient si mal habiles à imiter les choses, qu'ils furent obligez de mettre sous leurs figures les noms de ce qu'ils prétendoient avoir peint.

Illa signa quæ saltando faciunt Histriones, si natura, non instituto & consensione hominum valerent, non primis temporibus saltante Pantomimo Præco pronuntiaret populis Carthaginis, quid saltator vellet intelligi, quod adhuc multi meminerunt senes, quorum relatu hæc solemus audire. Quod ideò credendum est, quia nunc quoque si quis theatrum talium nugarum imperitus intraverit, nisi ei dicatur ab altero quid illi motus significent, frustrà totus intentus est. Lib. 2. de Doctrina Christiana. Cap. 26.

Ce n'est pas l'une des moindres addresses de la Poësie & de la Peinture aussi bien que des Ballets, de bien exprimer ces notions purement intellectuelles, & ces estres moraux qui ne subsistent que dans la pensée & l'imagination des hommes. Car il y a deux sortes de peinture, l'une pure

ment historique qui represente naturellement les choses comme elles se sont
passées. Cette peinture n'est guere
agreable, parce que nos habits ne sont
pas beaux à estre peints, & nos modes changent trop souvent. L'autre
espece de peinture est poëtique, elle
mêle à l'histoire les mouvemens de
l'ame, les vertus, les passions ; ce
qui egaye les sujets que l'on traite, &
les habits poëtiques que l'on donne à
ces figures, font une agreable disposition. On peint la Sagesse ou la Gloire qui conduisent des Heros, la Valeur qui les accompagne, la Victoire
qui les couronne, la Renommée qui
va devant eux, &c. Il faut seulement
éviter les figures monstrueuses de têtes
de bêtes sur des corps humains,
de Jambes à plis de serpens, dont Ce-
sar Ripa a infecté la peinture, par les
bizarreries ridicules, dont il a rempli
son Iconologie, & qui ne sont nulle-
ment propres à ces beaux & grands
desseins où l'on traite des sujets heroïques. Ces personnages monstrueux
se souffriroient plûtost dans les Ballets
que dans les grands ouvrages de peinture. Ils sont aussi fort propres aux gro-
tesques, dont on fait divers ornemens

de fantaisie.

On a brodé quelquefois les noms des personnages Alegoriques sur leurs habits pour les distinguer, comme nos Herauts d'armes portent sur les ailerons des manches de leurs Cottes d'Armes les noms des Provinces, dont ils sont les Herauts. Il faut que les Anciens l'ayent pratiqué, puisque Plutarque dit qu'ils imitoient par les figures & les noms. τὴν διὰ τῶν σχημάτων ἢ τῶν ὀνομάτων μίμησιν ἀποτελοῦσι.

L. 9.
Sympos.
cap ult.

Il est plus spirituel de le faire par d'autres signes, que par ces noms écrits. Les Mois se representent par le Signe qui se leve en chaque Mois. Les jours de la semaine par les Planetes dont ils portent le nom.

Il faut une grande lecture des Poëtes pour ces inventions d'habits & de Symboles, que l'on peut inventer par l'analogie & le rapport que certaines choses ont avec les figures que l'on veut representer. L'Horison parut en un Ballet vêtu moitié de blanc, moitié de noir pour marquer le Jour & la nuit qui distinguent les deux hemispheres. La Nuit s'habille d'un bleu obscur semé d'étoilles, & on lui donne un flambeau allumé.

Cette invention des habits a eu fouvent des prix propofez dans les Tournois, dans les Mafcarades & dans les ballets. Les Grecs donnerent le nom de *Morphafme* à la reprefentation des animaux. Ils fe donnoient une liberté fi grande qu'ils prenoient fouvent des mafques tout à fait reffemblans aux perfonnes, ils s'habilloient comme eux & contrefaifoient leurs geftes, même des perfonnes de qualité pour divertir le peuple. C'eft ce qui faifoit les chœurs des Comedies, & c'eft ce qui les fit abolir

On peut reprefenter les êtres moraux par les divinitez des Anciers qui en ont été les figures. Au Ballet qui fut danfé à Stocholm le 31 Octobre l'an 1654. pour le mariage du Roi de Suede, dont le fujet étoit la Felicité des fens, des biés de la Fortune, & des biens de l'Efprit; le Soeil reprefentoit la vûe, parce qu'il eft l'auteur de la lumiere, Bacchus & Ceres le goût par la bonne chere, Apollon l'ouye par la Poëfie & par la Mufique, Pomone & Flore l'odorat par les fruits & par les fleurs. Venus & quatre petits Amours l'attouchement. Protée qui fe change en toute forte de figures, reprefen-

toit l'Addreſſe , Hercule la Force ;
Eſculape la Santé , qui eſt entretenuë
par l'Exercice , le Repos & la Joye.
Diane & quatre Nymphes l'Exercice ;
la Nuit & le Sommeil le Repos : Mome la Joye : Mercure l'Eloquence :
Pallas la Prudence : Pan , trois Faunes , & trois Silvains la Solitude : Mars
la Valeur , Themis la Juſtice : les trois
Graces l'Amitié : Jupiter l'Autorité ,
Plutus les Richeſſes ; l'Hymen repreſentoit le Mariage , ou l'Union de ces
biens qui fait la felicité. Quand Hymen eut danſé , pour former cette u-
nion , Hercule , Pallas , Mars , Themis , Jupiter , la Renommée , la Fortune , la Victoire & la Paix danſerent avec lui , & firent le grand Ballet.

Horace pour faire le Caractere
de cette partie du Ballet qui eſt com-
mune à toutes les actions du Theatre
où il faut faire le Caractere des perſonnes , s'eſt contenté de dire en un
vers ,

Reddere perſonæ ſcit convenientia cuique.

Ammonius reconnoiſſoit trois parties eſſentielles au Ballet. Les figures,
les mouvemens, & les geſtes qui ſont
les trois moyens d'exprimer les choſes

d'une maniere muette ; & c'est en ces trois choses que consiste toute l'addresse & tout l'artifice des Pantomimes. J'ai parlé de la premiere de ces parties, il faut traiter des deux autres sous le nom des Mouvemens, puis que c'est aux mouvemens que les gestes appartiennent, & cette juste cadence à qui les Grecs ont donné le nom de Rythme, parce qu'elle marquoit le temps des mouvemens longs ou brefs, ajustant à la durée des sons celle des pas & des actions pour en faire une juste harmonie.

DES MOUVEMENS.

LEs Mouvemens sont si essentiels au Ballet, que c'est par les mouvemens que les Ballets sont des imitations des choses, imitant par ces mouvemens les actions des hommes, leurs affections, & leurs mœurs, comme ils imitent les mouvemens naturels des animaux, & ceux que reçoivent naturellement, ou violemment tous les autres corps. C'est ce qui a fait dire à Plutarque que le Ballet est une Poësie muette, qui parle, parce que sans rien dire il s'exprime par les gestes &

par les mouvemens. Ce qui est parler
aux yeux.

Claufis faucibus, & loquente geftu,
Nutu, crure, genu, manu, rotatu,
Toto in fchemate vel femel latebit.

In Nar-
bone

dit Sidonius Apollinaris. Et cela
nous apprend la difference qu'il y a
entre les Ballets, & la fimple danfe ;
que la fimple danfe eft un mouvement
qui n'exprime rien , & obferve feulement une jufte cadence avec le fon
des inftrumens par des pas & des paffages fimples ou figurez , au lieu que
le Ballet exprime felon Ariftote les
actions des hommes , leurs mœurs ,
& leurs paffions. C'eft pour cela que
Theophrafte traitant de la Mufique ,
a dit qu'il y a dans nous trois principes des mouvemens de la danfe , la
Douleur , le Plaifir , & un Inftinct
divin : parce que naturellement la douleur & le plaifir produifent des mouvemens au dehors , comme la fureur
divine qui eft un mouvement furnatu-
rel eft obligée de fe faire fentir au dehors , l'ame ne la pouvant recevoir
qu'elle ne fe répande fur le corps.
C'eft pour cela que les Anciens avoient

Plat. in
fympof.
l. 1.
queft 5.

des chants pour la Douleur & pour
la Joye, comme ils en avoient pour
les actions de pieté. On joüoit des
flutes & des instrumens lugubres aux
funerailles, afin que les mouvemens
de la douleur parussent plus reglez, s'a-
justant à l'harmonie dont on accompagnoit les funerailles. On faisoit la
méme chose dans les réjoüissances publiques, & dans les actions sacrées
les Prophetes demandoient le secours
des instrumens, pour aider aux mouvemens que l'inspiration leur causoit.

Ce sont ces mouvemens qui font le
plaisir, dit Plutarque, parce que bien
que naturellement nous n'aimions pas
a voir les emportemens des furieux,
ny le desespoir & les actions violentes dés personnes à qui la douleur fait
s'arracher les cheveux; ny les extravan-
ces de ceux qui sont pris de vin, nous
aimons à les voir representer, parce
que l'imitation a pour nous un charme secret, qui fait que la peinture des
choses les plus horribles & les plus monstrueuses qui seroient cap ables de nous
effrayer, si nous les voyions au naturel, nous plaît, & nous touche agreablement sans faire ces mauvais effets. Sympos.
C'est ce qui fait que les enfans mémes

Sympos.
l. 5. q. 1.

en qui la raison n'agit pas encore, sont
touchez de ces imitations, & imitent
eux-mêmes avec plaisir, quoi qu'assez
grossierement les mouvemens des choses qui se presentent à eux, montant
sur des bâtons, comme s'ils montoient
sur des chevaux, representant en se
joüant les exercices les plus violens,
se guindant en l'air sur des cordes.
Si vous leur presentez en même temps
de l'argent monnoyé, & quelque figure d'animal, de bois, de pâte, ou de
quelque autre matiere, ils la prefere-
ront à l'argent, parce que cette
figure a quelque chose de plus vif &
qui touche davantage leur imagination.
Aussi est-ce jusqu'à l'ame que passe le
plaisir qui vient de la representation;
& c'est ce qui fait que l'homme seul
est capable d'estre touché des spectacles, quoi qu'il y ait certains animaux
à qui ils ne déplaisent pas, comme les
singes, les chiens, les ours, & quelques oiseaux que la danse & les mouvemens amusent, parce qu'ils ont naturellement de la disposition à les imiter. Les Dauphins entre les poissons
ont une inclination pareille; ce qui a
fait dire à Pindare qu'ayant oüi chanter un air il n'avoit pû s'empêcher de

gesticuler , & de danser comme les
Dauphins qui levent la tête hors de l'eau
& se remüent , comme ceux qui dansent quand ils entendent chanter. Ce
plaisir ne s'arréte pas à la partie ani-
male, il passe jusqu'à l'esprit , & à
cette partie de l'ame qui pense & qui
raisonne, dit Plutarque , & fait sur
cette partie de l'homme, ce qu'il fait
naturellement sur l'imagination des ani- Ibid.
maux qui ont cette faculté plus vive ,
comme les Chiens, les Dauphins , les
Singes, & les Elephans, dont les Historiens rapportent des choses extraordinaires , & tout à fait surprenantes.

C'est le propre de la Peinture , &
du Ballet d'imiter & de representer ,
mais le Ballet a cét avantage sur la
Peinture , que la peinture n'a jamais
qu'un moment, toutes ses figures de-
meurant toûjours dans la méme situation , & le méme mouvement qu'elle
leur a donné une fois : au lieu que le
Ballet est toute une suite de mouvemens qui se succedent les uns aux autres. Tous les personnages d'un tableau sont immobiles , & s'ils semblent
se mouvoir par les charmes de la peinture ils n'ont qu'une seule action. Ils
haussent le bras pour frapper , ils pa-

rent, ils gauchiſſent, ils s'élancent, ils ſont droits ou aſſis, ſans pouvoir changer de poſture : au lieu que le mouvement des perſonnes qui danſent eſt nommé φορά, par les Grecs, parce qu'il eſt un portement de tout le corps, ſelon les divers deſſeins de l'action. Il eſt vrai qu'ils ont ſagement diſtingué trois ſortes de mouvemens dans les Bal'ets. Les portemens de corps, les figures, & les expreſſions. Les portemens du corps ſont les mouvemens harmoniques, ou les pas & les actions de la danſe, comme couper en avant, en arriere, trouſſer, pirouetter, ſauter, s'élever, &c. Les expreſſions ſont les actions qui marquent, comme les actions des Rameurs, des endormis, des perſonnes priſes de vin, &c. & les figures ſont les diverſes diſpoſitions des danſeurs, qui danſent de front, dos contre dos, en rond, en quarré, en croix, en ſautoir, en croiſſant ſur une ligne, en évolution, en ſe pourſuivant, en fuyant, en s'entrelaſſant les uns dans les autres.

C'eſt par les expreſſions que les Ballets ſe diſtinguent des autres danſes qui ne ſont que de ſimples portemens de corps, ajuſtez à la cadence & au ſon

des Inftrumens , dont on marque feulement les temps , par la difference des
pas. Il y a des pas de Courante , de Ga-
vote , de Menüet , & de Sarabande ,
fans aucune expreffion ; finon que la
Sarabande peut fe danfer à l'Efpagnole.

Plus les expreffions font naturelles ,
plus elles font agreables , parce qu'elles
font ainfi des imitations plus fideles
des chofes que l'on veut reprefenter.
La Danfe des vents doit être legere &
precipitée , celle des Forgerons doit
avoir des temps & des intervalles à
frapper fur l'enclume. Celle des fols
& des yvrognes doit être irreguliere ,
auffi bien que celle des aveugles , qui
doivent chercher , chanceller , & tâ-
tonner. Celle des Païfans doit être
groffiere & ruftique

Il y a des actions qui font plus propres pour le ballet les unes que les autres. Les actions de combat , des endormis , des gueux , des eftropiez ,
& des forgerons , font de ces actions
qui plaifent , parce que l'imitation en
eft plus naturelle.

Plus ces actions font violentes , plus
elles caufent de plaifir , parce qu'elles
arreftent davantage l'imagination. Ainfi naturellement nous prenons plaifir

à voir travailler un cheval, pouffer un batteau à toutes rames, & les Artifans dont les ouvrages font plus violens nous attachent davantage; c'eft ce qui fait que les entrées de Lutteurs, de Gladiateurs, de Rameurs, de Forgerons, de Faucheurs, de Joueurs de ballon, de l'exercice de la pique, de Batteurs de Tambour, de Pelerins avec les bourdons, de Foffoyeurs &c. reuffiffent mieux que plufieurs autres où il y a moins de mouvement.

Le Ballet n'imite pas feulement les actions, il imite encore felon Ariftote les paffions & les mœurs, ce qui eft plus difficile que l'expreffion des actions. Cette imitation des mœurs & des affections de l'ame eft fondée fur les impreffions que l'ame fait naturellement fur le corps, & fur le jugement que nous faifons des mœurs & des inclinations des perfonnes fur ces mouvemens exterieurs. Le Sage dit qu'un Apoftat fait des fignes des yeux, frappe du pied, & parle avec les doigts, *Homo Apoftata annuit oculis, terit pede, digito loquitur.* Ce fut à ces marques que faint Gregoire de Nazianze jugea que Julien l'Apoftat, qui n'étoit encore qu'un jeune écolier qui étudioit à

Athenes,

Prover. 26.

Athenes, feroit un monftre dangereux.

Il faut donc exprimer dans les ballets les mouvemens du cœur & les affections de l'ame, & c'eft le chef-d'œuvre de l'art, parce qu'il en faut parfai-
tement connoître la nature pour les
bien exprimer. L'Amour demande des
empreffemens, & des tendreffes, un
vifage doux & ferein, qui fe trouble
neanmoins quelquefois, & qui prend
autant de formes, qu'il y a de mouvemens du cœur capables de l'alterer.
Il faut qu'il paroiffe de la contrainte
dans un amour naiffant, de la hardieffe
dans fes progrez, & du tranfport dans
fes fuccez. Enfin il lui faut donner
toutes les couleurs que les philofophes
ont remarquées, que tout parle en lui,
que fes yeux, fes geftes, fes pas,
fes regards, & tous fes mouvemens
faffent connoiftre ce qu'il eft.

La Colere eft fougueufe, elle s'emporte, elle n'a rien de reglé, tous fes
mouvemens font violens, & pour exprimer cette paffion les pas doivent eftre
precipitez avec des chutes & des cadences inégales. Il faut battre du pied, aller
par élancemens, menacer de la tefte
& des yeux, & de la main, & jetter
des regards farouches & furieux. La

Crainte a des pas lents dans les approches, & precipitez dans les retraites,
une démarche tremblante & suspen-
düe, une vûe égarée & les bras em-
barraffez. Ceux qui font affligez baiffent la tefte, croifent les bras, & font
comme enfevelis dans la trifteffe.

Claufis faucibus, & loquente geftu,
Nutu, crure, genu, manu, rotatu,
Toto in fchemate vel femel latebit.

Ce font ces mouvemens que les
Grecs nommerent *demonftrations*. Et
comme dans l'Eloquence il y a certaines figures, qui femblent mettre fous les
yeux les chofes dont l'Orateur parle,
il faut que les mouvemens faffent la
même chofe dans les Ballets. Il y en a,
dit Plutarque, qui ne danfent que pour
danfer, & dont toute l'addreffe ne con-
fifte qu'à faire avec cadence, de grands
portemens de corps, ce qu'il appelle
danfer plus proprement que fçavammêt
Car comme une Chanfon, ajoute-t-il a
des *Tons* & des *Tems*, ce qui fait *l'Air*;
le Ballet a des mouvemens & des figures ou des demonftrations, ce qui le
diftingue de la fimple Danfe. C'eft ce
qui fait qu'aujourd'hui il y a beaucoup

de Danſes & peu de Ballets, parce que les Danſeurs aiment mieux faire de beaux pas, & de belles cadences, que s'aſſujettir à repreſenter ce qui devroit ſe repreſenter pour faire de juſtes Ballets.

Les Anciens aimoient ſi fort ces repreſentations, & ces demonſtrations dans les Spectacles du Theatre, que quand il falloit exprimer le ſupplice ou la mort violente de quelqu'un, ils prenoient des Criminels pour ſe faire le plaiſir cruel de voir naturellement repreſenter ces violences. C'eſt ce qui a fait le ſujet de tant d'Epigrammes de Martial, particulierement la conſtance de celuy, qui repreſentant Scevola, brûla effectivement ſa main.

Qui nunc Cæſarea luſus ſpectantur
   arenæ
Temporibus Bruti gloria ſumma fuit.
Aſpicis ut teneat flammas, pœnâque fruæ-
   tur.
Fortis, & attonito regnet in igne manus.
Ipſe ſui ſpectator adeſt, & nobile dextræ,
Funus amat : totis paſcitur illa ſacris.
Quod niſi rapta foret nolenti pœna, parabat
Sævior in laxos ire ſiniſtra focos.
Scire piget poſt tale decus quid fecerit antè ;

O ij

Quam vidi , satis est hanc mihi nosse ma-
num.

Le sçavant Radere expliquant cette
Epigramme, dit que de semblables Criminels firent dans l'Amphitheatre les
personnages de Dedale, de Laureolus
& d'Orphée , dont l'un étoit dechiré
par un Ours , l'autre attaché à une
Croix , pour étre dechiré par des Vautours , & le dernier mis en pieces par les
Bacchantes. *Rei ac damnati personas ege-*
re Dedali, Laureoli , & Orphei. Ita ficti-
tius hic Scævola ad exemplum C. Mutii Scæ-
vola dextram foco injectam in Amphithea-
tro exussit.

Tertullien parle de ceux que l'on
condamnoit à paroître avec une chemi-
se brulante , pour representer la mort
d'Hercule. *Qui vivus ardebat Hercu-*
lem induerat. Et au Traité qu'il addresse
aux Martyrs il parle de ceux qui se
loüoient aux Pantomimes pour porter durant quelque temps cette chemi-
se brûlante. *Jam & ad ignes quidam se*
autoraverunt , ut certum spatium in ar-
dente tunicâ conficerent. Neron fit servir les Chrestiens à de semblables spectacles.

Non seulement on imitoit ces mou-

vemens violens , & les paſſions de l'a-
me , mais il n'étoit point d'action que
les animaux puſſent faire naturellement
que l'on ne prît plaiſir d'exprimer dans
les ballets.   Martial nous repreſente
dans ſon livre des ſpectacles , un ballet des Nereïdes ſi bien repreſenté dans
l'eau , que l'on eut dit que c'étoient
ces divinitez que l'on a crû demi poiſſons, qui danſoient elles mémes.

Luſit Nereidum docilis chorus æquore
     toto
Et vario faciles ordine pinxit aquas.

Voilà les mouvemens, voici les geſtes.

Fuſcina dente minax , nexu fuit ancho-
     ra curvo ,
Credidimus remum , credidimuſque ratem.

Voici les machines.

Et gratum nautis ſidus fulgere Laco-
     num ,
Lataque perſpicuo vela tumere ſinu.
     Quis tantas liquidis artes invenit in un-
          dis ?
Aut docuit luſus hos Thetis , aut didicit.

Le Duc de Savoye fit danser un Ballet de cette sorte dans un Canal d'une de ses maisons l'an 1608. Ce Ballet commença par un Arion porté sur un Dauphin, il chanta un recit, qui fut suivi d'une entrée de Tritons & de Sirenes, qui étant à demi corps hors de l'eau, faisoient des cadences agreables par la diversité de leurs figures. Voici ce qu'en dit la Relation de cette Feste. *Da un ridotto della selva uscì per entro il fiume un maestoso Arione portato da un Delfino, qual mentre andava guizzando per le acque auvicinandosi a i spettatori diede luogo al canto del famosissimo Rasis, qual sopra l'Arpa fece eccheggiare le selve di celeste armonia, fù egli seguito dà un curioso Balletto, nel quale i danzatori sotto figure di Tritoni, di Sirene, e di vaghissime Nereïdi ballando con l'apparenza sopra l'onde, e sotto l'acqua erano nuotatori marini e veri ballarini sostenuti dal fondo delle humide arene: fu nuova inventione, bizarre le Mutanze, e di grande diletatione.*

Je parleray de ces mouvemens extraordinaires en traittant des machines, il suffit à present de dire, que le Ballet demande necessairement ces trois choses, les portemens de corps pour la danse, les representations , & les gestes pour l'imitation , en quoi consiste l'essence du Ballet , & que le *Rythme* est le temps ou la mesure que l'on donne à ces actions qui se marquent par les mesures des airs & les Cadences des instrumens.

On peut dans une même entrée exprimer des mouvemens differens , pourvû qu'ils ayent quelque rapport. Les uns peuvent donner des coups de Sabre, ou de Massuë , & les autres les recevoir avec des Boucliers. Un Magicien peut evoquer des Ombres , & faire des cercles avec sa baguette , tandis que ces ombres feront diverses postures. Les uns peuvent fouïr la terre , d'autres la mettre dans des hottes & d'autres la recevoir.

Les Anciens firent servir ces mouvemens à former l'addresse du corps pour les exercices militaires , & les autres actions de la vie civile. Ainsi le Ballet leur étoit une espece d'Academie où ils s'exerçoient aux actions genereuses , & à faire de bonne grace ce qu'ils étoient obligez de faire dans les actions de ceremonie.

C'est pour cela que les Princes & les personnes de qualité ont jugé que cét exercice n'avoit rien d'indecent pour eux. Ils en font au contraire un divertiſſement honneſte. Il eſt vray qu'ils n'y doivent prendre que des entrées dignes d'eux , & qu'il ſieroit mal à un Prince d'y ſoutenir les perſonnages de forgeron , ou de quelque vil artiſan. Charles VI. faiſoit un perſonnage indigne de lui en ce funeſte Ballet où étant vétu en Sauvage , il faillit à eſtre brûlé comme ſes compagnons par l'indiſcretion d'un Page , qui tenant un flambeau allumé mit le feu à la mouſſe de leurs habits.

Les Arcadiens qui furent des peuples ſi ſages, exerçoient la Jeuneſſe à la danſe juſqu'à l'âge de trente ans. Dés l'enfance ils leur faiſoient apprendre la Muſique , & les exerçoient à chanter les Hymnes de leurs Dieux , & les loüanges des Heros pour les former de bonne heure à la pieté & à la vertu. Aprés ces Hymnes & ces chanſons , on leur apprenoit à danſer ſur les modes de Timothée & de Philoxene , & tous les ans aux Bacchanales ils danſoient ſur des Theatres publics des Ballets au ſon des flutes , pour faire voir qu'ils profitoient en ces exercices. Les entrées de ces ballets

lets étoient proportionnées à l'âge &
aux forces de chacun. *Athenée l.* 14.

Depuis que les ballets ont été re-
tablis en France , nos Rois & nos
Reines n'ont pris que des personnages
illustres de Divinitez, de Heros , ou
d'Heroïnes. Au ballet de 1582. la Reine Loüise representoit une Nymphe.
Madame Elizabeth de France étant
fiancée au Prince d'Espagne , representa Minerve dans un Ballet qu'elle dansa pour la ceremonie de cette feste.
Le Roi a representé en divers temps
le Soleil , le Printemps , une maison
Imperiale , Alexandre , Renaud , &
d'autres Heros de l'Histoire ou de la
Fable.

Il est vray qu'il y a des divertissemens de Carnaval en forme de mascarades , où les Princes prennent plaisir de se déguiser quelquefois sous des
figures ridicules , comme on fait aux
wirtschafts d'Alemagne dont j'ai parlé
ailleurs ; cét usage tient des Saturnales
des Anciens où les esclaves faisoient
les personnages des Maîtres , & les
Maîtres ceux des esclaves. La grandeur est à charge aux grands dans leurs
divertissemens , & pour les rendre plus
agreables & plus libres , ils sont bien

P

aises de descendre de leur rang pour
quelques heures , & de se faire égaux
à ceux qu'ils voyent presque toûjours
à leurs pieds dans toutes les actions
de la vie.

On eut raison de traiter de fol &
d'insensé cét Antiochus Roi de Syrie
surnommé Epiphanes , & depuis par
par derision , Epimanes , puisqu'il se
mêloit à la canaille dans tous les divertissemens , gâtant par ces bassesses ,
& des actions indignes de son rang &
de sa naissance les immenses profusions
qu'il faisoit en festins & en spectacles,
dansant avec des Comediens & des
Bouffons , ordonnant lui-méme les festins , levant les plats , & conduisant
les services. Un jour au milieu d'une
feste la plus superbe qu'on verra jamais, il se fit apporter au milieu de l'assemblée par une troupe de Comediens
enveloppé dans des draps , d'où se levant tout à coup , il dansa une entrée d'endormi avec tant d'extravagance que tout ce qu'il y eut en cette
feste de personnes raisonnables, se retirerent , ne pouvant souffrir cette in-
dignité. *Athenée l. 5.* Plancus ne fit guere une meilleure figure quand pour representer Glauque un Dieu marin , il se

fit une queuë de poiſſon, & danſa ſur ſes genoux.

Les Grecs devoient être plus habiles que les Romains à exprimer par ces mouvemens les habitudes de l'ame, les mœurs, les paſſions & les actions naturelles; puiſque ſelon Lucien ils croyoiér la danſe une choſe diviue & myſterieuſe, qui ſe pratiquoit en l'honneur des Dieux & par les Dieux, & qui avoit les Dieux mémes pour Auteurs. Ils vouloient auſſi que leurs Pantomimes ou Danſeurs de ballets ſceuſſent la poëſie, la Geometrie, la Muſique & la Philoſophie méme. La Poëſie pour inventer les Sujets, la Geometrie pour les figures, & les mouvemens, la Muſique pour les airs, les cadences, les accords, & les mouvemens harmoniques, & la Philoſophie pour l'imitation naturelle des paſſions, des mœurs, & des affections de l'ame. Il faut, dit Lucien, que le Pantomime *ait le ſecret d'exprimer les paſſions & les mouvemens de l'ame que la Rhetorique enſeigne,* c'eſt à dire les paſſions qui ſont le plus dans le commerce des hommes, & dans les uſages de la vie civile, & dont les orateurs ont l'artifice pour la perſuaſion. *Il faut,* ajoûte Lucien, *qu'il*

Lucien Dialogue de la Danſe.

emprunte de la peinture & de la ſculpture
les diverſes poſtures , & contenances , en
ſorte qu'il ne cede point à *Phidias* ny à *A-
pellés* pour ce regard. Mais ſur tout il a
beſoin de memoire : car il faut que comme
Calchas il ſçache le preſent , le paſſé , &
l'avenir , & qu'il les ait toûjours preſts
en ſon eſprit pour les pouvoir repreſenter
dans l'occaſion ; mais il doit ſçavoir particulierement expliquer les conceptions de
l'ame , & découvrir ſes ſentimens par les
geſtes & le mouvement du corps...... Enfin
comme diſoit l'oracle de *Pytkie* , il faut
que le ſpectateur entende ſans parler tout
de méme que ſi l'on parloit. C'eſt ce qu'a-
voüa le *Philoſophe Cynique* qui condamnoit ce bel art , & diſoit que ce n'étoit
qu'une ſuite de la Muſique à laquelle on
avoit ajoûté des geſtes & des poſtures pour
faire mieux entendre ce qu'on joüoit , mais
qu'elles étoient le plus ſouvent vaines & ridicules , & qu'on ſe laiſſoit piper à la mine
& à l'habit , aidez du geſte & de l'harmonie. Alors un illuſtre *Pantomime* du
temps de *Neron* , qui avoit le corps excellent , & ſçavoit fort bien ſon métier , le
pria de ne le point condamner ſans l'avoir
veu , & faiſant ceſſer les voix & les
inſtrumens , repreſenta devant lui l'*Adul-
tere de Mars & de Venus* , où étoit ex-

primé le Soleil qui les découvroit. *Vulcain
qui leur dressoit des embûches ; les Dieux
qui accouroient au spectacle, Venus toute
confuse, Mars étonné & suppliant, &
le reste de la Fable avec tant d'artifice
que le Philosophe S'céria qu'il lui sembloit
voir la chose même & non pas sa representation, & que cét homme avoit le corps
& les mains parlantes.*

Ces imitations des mœurs, des passions, & des actions des hommes firent donner le nom de *Moralité* aux
Ballets

La Relation des festes qui se firent
pour le Mariage de Madame la Princesse d'Angletere avec le Prince Palatin dit : on fut au Banquet Royal, lequel fini, il fut representé une Moralité devant leurs Majestés, les Prince
& Princesse épousez, & de toute la
Cour qui se rendit en la sale du château pour en avoir le contentement.
Voici cette Moralité.

Un Orphée tenant sa lyre, entra
sur le Theatre suivi d'un chameau,
d'un chien, d'un mouton, d'un Ours,
& de plusieurs animaux sauvages, lesquels avoient délaissé leur nature farou-
che & cruelle en l'oyant chanter &
joüer de sa lyre. Aprés vint un Mer-

» cure, qui pria Orphée de continuer
» les doux airs de sa Musique, l'assurant
» que non seulement les bêtes farouchés
» mais les étoiles du Ciel danseroient au
» son de sa voix. Orphée pour conten-
» ter Mercure recommença ses chansons.
» Aussi-tost l'on vid que les étoiles du
» Ciel commencerent à se remuer, sauter
» & danser. Ce que Mercure regardant
» & voyant Jupiter avec son foudre assis
» dans une nuë il le supplia de vouloir
» transformer aucunes de ces étoiles en
» des Chevaliers qui eussent été renom-
» mez en Amour pour leur constante fi-
» delité envers les Dames. A l'instant
» on vit plusieurs Chevaliers dans le
» Ciel tous vêtus d'une couleur de flâ-
» mes tenant des lances noires lesquels
» ravis aussi de la Musique d'Orphée lui
» en rendirent une infinité de loüanges.
» Mercure alors supplia Jupiter de trans-
» former aussi les autres étoiles en au-
» tant de Dames qui avoient aimé ces
» Chevaliers. Incontinent ces étoiles
» changées en autant de Dames furent
» vûes vétuës de la même couleur que
» leurs Chevaliers. Mercure voyant
» que Jupiter avoit oüi ses prieres,
» le supplia de permettre que tou-
» tes ces ames celestes de Chevalier

avec leurs Dames defcendiffent en ter- „
re pour danfer à ces nopces Royales. „
Jupiter lui accorda encore cette réquê- „
te, & les Chevaliers avec leurs Dames „
defcendant des nuës fur le Theatre au „
fon de plufieurs inftrumens danferent „
divers Ballets. Ce qui fut la fin de „
cette belle Moralité. „

La perfection de cét art, dit Lucien, eft de contrefaire fi bien ce qu'on
joüe, qu'on ne faffe ny gefte ny po-
fture, qui n'ait du rapport à la chofe
qu'on reprefente, & fur tout qu'on
garde le caractere de la perfonne, foit
Prince ou autre. En un mot cét art
fait profeffion d'exprimer les mœurs
& les paffions des hommes, & de
contrefaire tantoft le joyeux, tantoft
le trifte, tantoft le doux, tantoft le
colere, & les deux contraires prefqu'en
un moment. Que s'il eft vrai ce que
dit Platon, qu'il y a trois parties dans
l'homme, l'irafcible, le concupifcible,
& le raifonnable ; le Pantomime les
reprefente tous trois, l'irafcible, quand
il contrefait le furieux, le concupifcible, quand il fait l'amant paffionné,
& le raifonnable quand il joüe une paffion moderée, ou plûtoft cette derniere qualité eft repanduë par tout,

comme le sens de l'attouchement par tout le corps.

Les ballets qui sont composez avec art, ont une admirable varieté de tous ces mouvemens, & de toutes ces passions. C'est en quoy celuy de la Nuit me paroît inimitable, on y voit les caracteres de toutes sortes de personnes. Des Divinitez, des Heros, des Chasseurs, des Bergers, & des Bergeres, des Bandis, des Marchands, des Galands, des Coquettes, des Egyptiens & des Egyptiennes, des Gagnepetits, des allumeurs de lanternes, des Bourgeoises, des Gueux & des Estropiez, des personnages Poëtiques, les Parques, la Tristesse, la Vieillesse, des Pages, des païsans, des Astrologues, des Monstres, des Demons, des Forgerons, &c. On y voit Bal, Ballet, Comedie, Festin, Sabat, toute sorte de passions, des Curieux, des Melancoliques, des Furieux, des Amants passionnez, des Amoureux transis, des Plaisans, une Maison en feu, des personnes allarmées. Enfin je ne sçay si jamais nôtre Theatre representera rien d'aussi accompli en matiere de Ballet. Monsieur Clement qui étoit incomparable en tous ces ouvrages d'esprit, s'y surpassa luy-méme, & il falloit poſſeder auſſi bien que luy toute la ſçience des Fêtes & des Repreſentations , pour imaginer de ſi belles choſes. Quelle difference ne voit on pas entre les Spectacles qu'il a conduits , & ceux qui ont été reglez par des perſonnes qui ne ſçavoient pas comme lui toutes les fineſſes de cet art. Il avoit pris ce gouſt & ce Genie dans la Cour de Meſſieurs de Nemours , les Princes les plus adroits , & les plus magnifiques en feſtes , ballets , & Tournois que l'on ait vûs.

Athenée a remarqué une infinité de mouvemens differens que les Anciens obſervoient dans leurs Ballets , ſelon la diverſité des choſes qu'ils vouloient repreſenter. Toutes ces Danſes diverſifiées de geſtes, d'actions, & de mouvemens avoient leurs noms particuliers qu'il eſt inutile de rapporter ici , parce que ce ſont des mots Grecs qu'il ſeroit difficile de rendre en noſtre langue pour les faire bien entendre.

Les figures arbitraires ſont les diverſes ſituations que prennent les Danſeurs dans les entrées ſelon le nombre des perſonnes qui danſent.

L'an 1667. à l'occaſion du Mariage du Duc de Parme avec la Princeſſe de

Modene Marie d'Este ; les Pension-
naires du College des Nobles de la ville
de Parme firent une action de Theatre
accompagnée de cinq entrées de Ballets à l'Italienne , chaque entrée a plusieurs figures. La premiere fut de cinq
couleurs de la peinture, qui peignoient
le nom de la Princesse Marie. Elles
firent huit figures differentes , dont
voici la premiere.

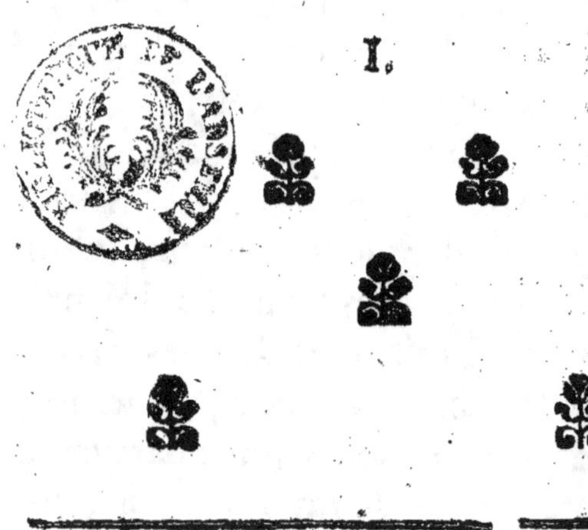

I.

I I.

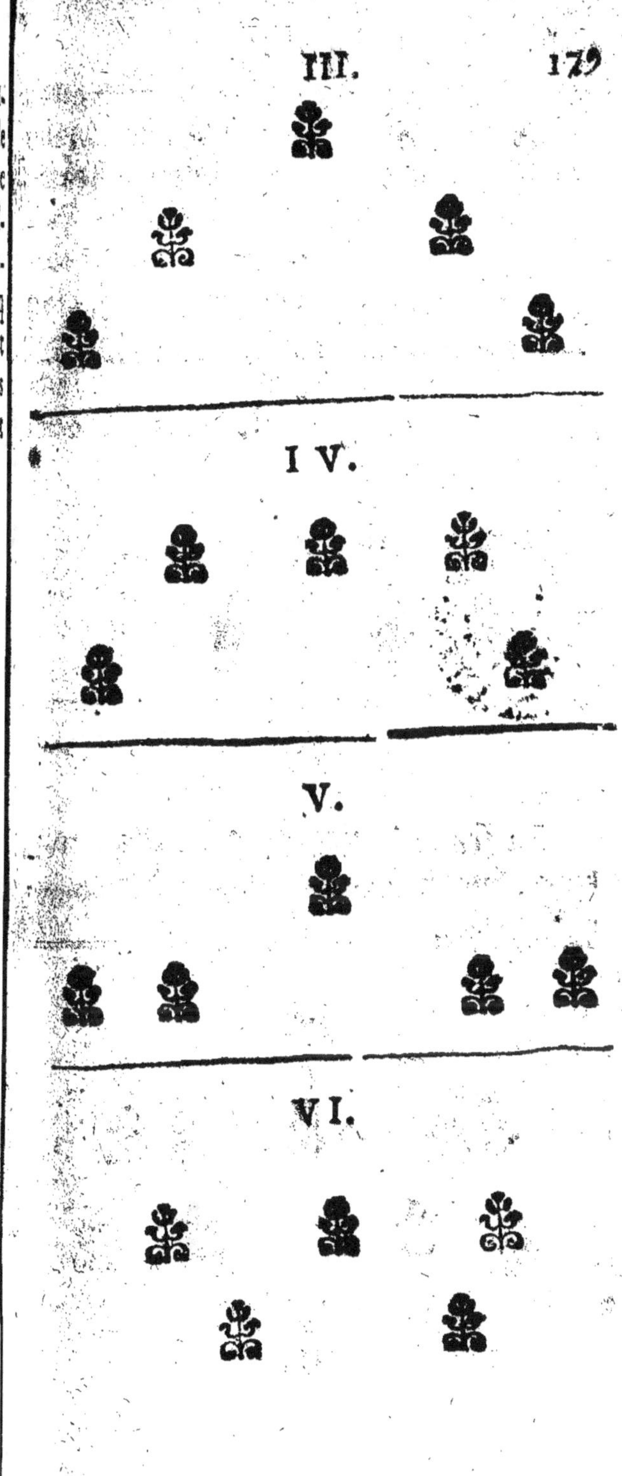

III.
I V.
V.
VI.

VII.

VIII.

M A R I A

La seconde Entrée fut de six Tritons, qui firent aussi leur huit figures differentes.

I.

II.

III.

IV

V.

VI.

VII.

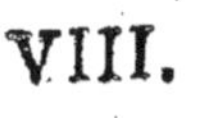

La troisiéme entrée fut celle de la
Sculpture, qui ouvrant une boutique
pleine de Statuës, huit se mirent à
danser selon toutes ces figures.

I.

II.

I I I.

I V.

V.

V I.

V II.

VIII.

IX.

X.

La quatriéme fut celle de la Nuit qui introduifit les douze heures ; elles firent les figures fuivantes.

I.

II.

III.

IV.

V.

VI.

VII.

VIII.

IX.

X.

XI.

La cinquiéme entrée fut celle de douze Cavaliers dans toutes les figures suivantes.

I.

II.

III.

___

IV.

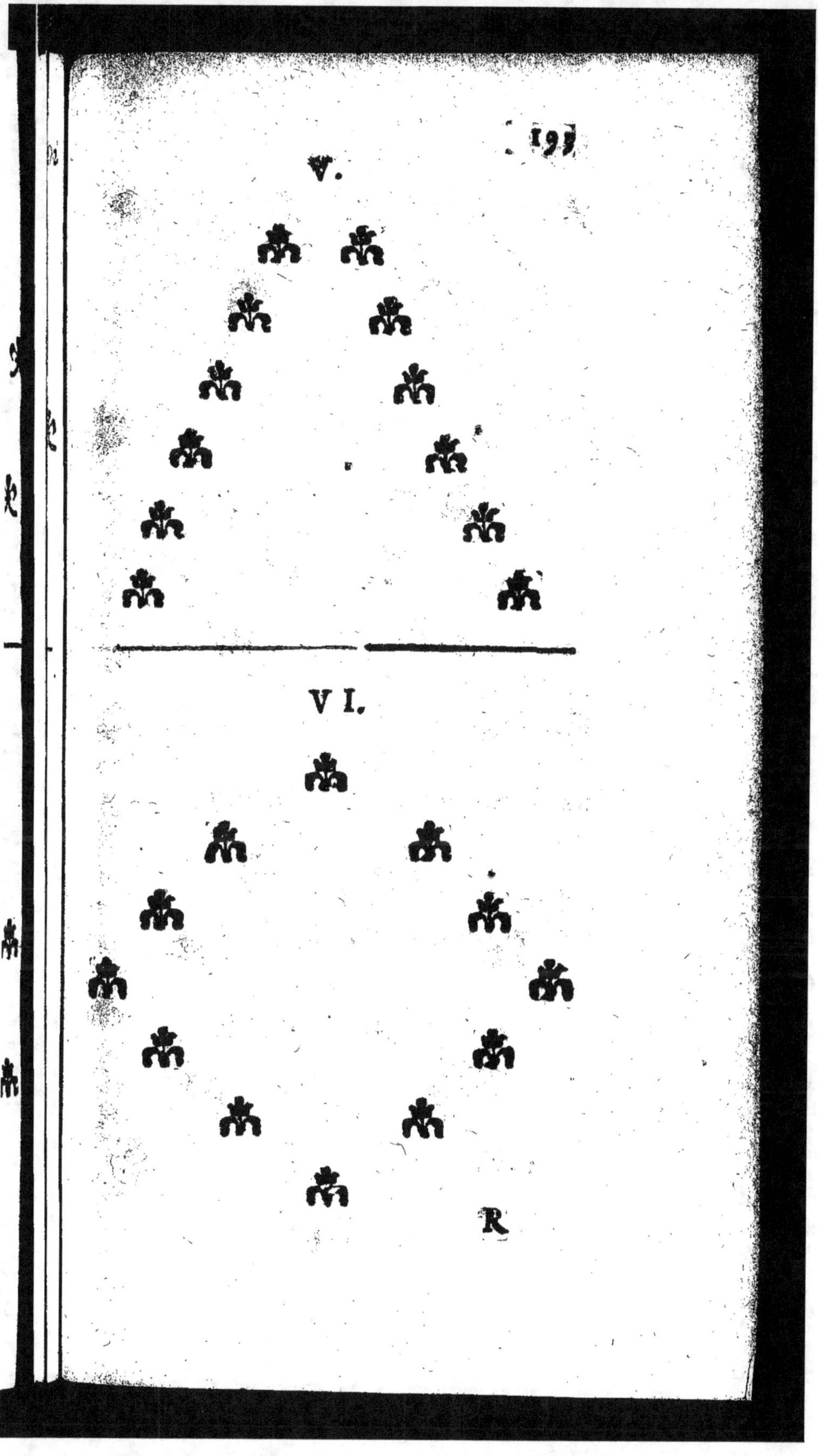
V.
VI.
R

DE L'HARMONIE.

CEtte partie du Ballet, qui fait une de celles de la Poësie dramatique regarde le chant & la danse. Aristote lui donne le nom de Melopée. Les Anciens dansoient au son des chansons ou au son des instrumens, parce que naturellement le son qui est receu dans l'oreille ne s'y faisant entendre que par le mouvement d'une pellicule tenduë à qui nous donnons le nom de Tympan, à raison de la forme qu'elle a assez semblable à celle d'un tambour & d'un osselet fait en forme de petit marteau, ce petit mouvement porte un fremissement dans tous les nerfs, qui determine tout le corps à se mouvoir, tout ainsi qu'une petite pierre jettée dans le bassin d'une fontaine, remüe toute sa surface par des ondulations qui se forment des unes aux autres jusqu'au bord du bassin. Comme il se fait en même temps deux mouvemens dans ce bassin, l'un de la pierre qui va au fond de l'eau, & l'autre de l'eau qu'elle agite, & qu'elle meut par ses ondulations ; le son fait aussi dans nous deux mouvemens, l'un sur l'ame à la-

quelle il eſt porté par l'imagination,
& l'autre ſur le corps par les eſprits
qui ſe répandent ſur les nerfs. C'eſt de
ces deux mouvemens que ſe compoſe
l'harmonie, parce que ſelon Suidas
l'harmonie eſt une ſage compoſition de
pluſieurs choſes meſlées avec une proportion reglée. Un inſtrument eſt dit
harmonique quand il eſt compoſé de
pluſieurs cordes tendues dans une juſte
proportion, ce que nous diſons accorder un inſtrument. Il eſt accordé quand
toutes les cordes ſont dans une proportion capable de rendre les ſons neceſ-
ſaires pour les concerts, & pour les
modes. Quand la voix qui accompagne les inſtrumens fait des accords juſtes avec ces inſtrumens, nous appellons cela harmonie, nous ſervant d'u-
ne metaphore, parce qu'à parler proprement & ſelon la force du mot Grec
l'harmonie eſt le rapport de deux ou
de pluſieurs choſes unies enſemble, mêlées ou jointes l'une à l'autre comme
deux planches taillées pour eſtre aſſemblées. La racine de ce mot en la Langue Grecque eſt le verbe ἄρι qui ſignifie ajuſter une choſe, *aptare.* C'eſt
pour cela qu'ils nommerent l'amitié
ἁρθμός, parce que de deux cœurs, de

R iij

τ μιχθέν-
τιων ἡ
σμωθε-
σις.

deux efprits , & de deux volontez elle n'en fait qu'une. Un ami eft un autre nous-même, nous fommes faits l'un pour l'autre. ἁρμὸς fignifie une liaifon de deux ou de plufieurs chofes ἁρμόζω ou ἁρμόττω *quadro , congruo , convenio.* Enfin comme ἅρμα fignifie un chariot à quatre roües ἁρμονὶ harmonie eft proprement & literalement un concert à quatre parties qui vont dans un accord reglé comme les quatre roües d'un char quoi qu'elles foient bien diftantes l'une de l'autre. Auffi la Mufique de quatre parties fut nommée la Mufique du char, ou le char de Mufique, ἁρμάτιον μέλος , ou ἁρμάτιος νόμος. Ce qui eft une preuve évidente de la multiplicité des parties dans la Mufique des Anciens , que j'ai établie ailleurs au Traité des reprefentations en Mufique.

Cét accord des quatre parties fe trouve naturellement dans tous les mouvemens des corps dont les vibrations , les trémouffemens , & les ondulations fe font neceffairement dans toutes les proportions de ces quatre parties , parce que les parties dont ces corps font compofez font inégales en longueur , en groffeur, en profondeur ;

ἁρμά-τιον μέ-λος ἀπὸ ἅρματος Suid.

& en leur situation. Ainsi se mou-
vant ensemble, comme tout le corps
de l'homme se meut quand il marche
les unes se meuvent plus lentement, les
autres plus vîte. Les unes tremoussent
trois, quatre, cinq, ou six fois quand
un autre ne tremoussera qu'une fois.
C'est ce qui a fait dire à Aristote au
chapitre 4. de sa Poëtique, que *l'harmonie* qui est l'accord des parties inégales, & *le Rithme* qui est le temps du
mouvement, & *le Metre* qui en est la
mesure sont trois choses naturelles, aufsi
bien que le mouvement du corps. Ce
sont ces quatre choses qui font l'essence du Ballet, parce que c'est un mouvement de tout le corps accommodé à
certains sujets ou representations, à
certains temps, à certaines mesures,
& au son des instrumens ou de la voix
& de ce tout ensemble il se fait un concert agreable des mouvemens de tout le
corps qui representent quelque chose
aux yeux des spectateurs, & font des
images sçavantes par ces imitations figurées des choses naturelles & morales.

La pluralité des parties est necessaire dans le Ballet à l'égard des instrumens, parce que le Ballet est un mé-

R iiij

lange de divers mouvemens des pieds,
des bras , des mains , de la tête & de
tout le corps , qu'il est difficile de bien
marquer par un seul instrument. C'est
ce qui fait qu'il est plus aisé de bien
danser & d'observer les cadences au
son de plusieurs instrumens que d'un
seul , parce que plusieurs instrumens
determinent à l'harmonie qui est naturelle dans l'homme.

Il n'y a point d'instrument qui ne
puisse servir au Ballet , parce que le
Ballet est composé de toute sorte de
danses , & comme le mouvement naturel se fait par les esprits , qui sont
des substances legeres & presque toûjours mobiles , étant d'une figure ronde qui est aisée à recevoir toutes les
impressions de mouvement , il n'est
point de corps qui fasse du bruit par
l'agitation de l'air qui ne puisse les dé-
terminer à quelque mouvement. Mais
comme une balle peut aller d'un côté
ou d'autre , rouler terre à terre , ou
être élevée en l'air , aller par bonds ,
& par doublets , être poussée violemment , ou glisser doucement, l'agitation
des esprits dans le Ballet peut être douce ou violente , lente , ou precipitée
selon la nature des instrumens. Il est

certain que la trompette & le tambour
les animent bien autrement que le luth
& la guiterre. Les Anciens qui s'ap-
perceurent de ces differens effets, firent servir les trompettes, les tambours, les tymbales, & le choc des boucliers aux danses armées qu'ils nomme-
rét Pyrrhiques Les flutes & les musettes
servirent aux danses des Bergers & des
personnes rustiques. La lyre à la danse des Dieux qui est grave. Les grelots
sont propres aux danses des Matassins,
& aux Pantalonnades. Les tambours
de Basque font le même effet. On a
attaché les castagnettes à la Danse des
sarabandes. Les Barbares ont des tambours, des osselets, & des cresselles
qui conviennent à leurs Danses sauvages. Les flutes l emportoient chez
les Romains sur tous les autres instrumens. Ils s'en servoient dans leurs Tragedies, & dans leurs Comedies. Les violons sont aujourd'hui universellement
par tout l'ame de tous les Ballets, parce que sur les violons on jouë des airs
de trompettes, de flutes, de musettes, & de la plûpart des autres instrumens. Je ne sçai aussi si leurs cordes étant faites des intestins des animaux, il n'y a pas dans leur son quel-

que chose de plus harmonique & de
plus proportionné aux mouvemens des
corps, que dans le son des autres instrumens qui sont faits de bois ou de
métail.

C'est toûjours au son des trompettes & des tymbales que l'on fait danser
les chevaux, parce qu'ils sont ac-
coûtumez à marcher, & à se mouvoir au son de ces instrumens. Ce fut
aussi au son des trompettes que ce
fit l'an 1606. en la cour du Château
du Louvre le magnifique Ballet à cheval des quatre Elemens. C'étoit un
Carrousel composé de quatre quadrilles
qui sortirent l'une aprés l'autre de l'Hô-
stel de Bourbon : La premiere representoit l'Eau. Vingtquatre Pages marchoient devant vêtus de toile d'argent
avec chacun deux flambeaux, puis
douze Sirenes joüant de leurs hautbois,
qui sont des instrumens propres à la
danse des chevaux. Elles étoient sui-
vies d'une Fontaine en pyramide, &
d'un Dieu de la Mer. Quantité d'autres Pages marchoient devant douze
Cavaliers, dont étoit chef Monsieur
le Grand. Ils étoient tous vétus de toile d'argent avec de grands pannaches,
& leurs chevaux superbement capa-
rassonnez.

Aprés avoir fait le tour de la cour du Louvre, & montré la dexterité qu'ils avoient à manier leurs chevaux, ils prirent leur place en un coin de la cour, pour laisser entrer la seconde troupe qui representoit le feu. Aprés que les Pages vétus d'écarlate pour la couleur du feu furent entrés, quatre Forgerons se mirent au milieu de la cour, & frappant sur une enclume, en firent sortir tant de fusées que l'on ne voyoit que feux de toutes parts; plus de deux mille flambeaux, & mille lampes mis aux fenestres, ou attachez aux murailles ne paroissoient rien au prix de ces fusées. Aprés qu'elles eurent fait leur effet, on vit entrer toute sorte d'animaux qui ont raport au feu, comme le Phœnix, la Salemandre, &c. Vulcain le Dieu du feu les suivoit, & des Pages qui precedoient douze Cavaliers dont Monsieur de Rohan étoit chef. Ils étoient tous d'une méme parure avec la lance, l'Espée, & l'Ecu où leurs armoiries étoient peintes. Aprés qu'ils eurent fait le tour comme les premiers, ils prirent le poste qui leur étoit destiné, & laisserent la place à la troisiéme quadrille, où paroissoit Junon Deesse de l'air avec tou-

te sorte d'oiseaux, precedée de vingtquatre Pages vétus de bleu celeste ,
douze Cavaliers dont étoit chef Monsieur de Sommerive, se rangerent avec
toute leur troupe au troisiéme coin de
la place , & virent entrer la quatriéme
troupe de la Terre. Les Pages étoient
vétus en Mores ; deux Elephans artifi-
ciels marchoient sur leurs pas , & portoient deux tours pleines de Musiciens
& de divers instrumens. D'autres Mores menoient des chevaux, qui marchoient en cadence au son des nacaires
& des instrumens Moresques. Le Duc
de Nevers étoit chef de la troupe des
Cavaliers Mores. Ces quatre troupes
s'étant regardées quelque temps , &
ayant manié leurs chevaux au son des
trompettes & des hautbois , les douze
Cavaliers de l'Eau & les douze de la
Terre s'attaquerent un à un , puis deux
à deux , trois à trois ; & enfin tous
ensemble se menaçant de leurs lances
qu'ils alloient rompre à terre , & faisoient voler en éclats quand ils s'étoient
approchez de la longueur de leur bois.
Les Cavaliers de l'Air & du Feu en firent
autant. Aprés tous ces exercices , &
aprés avoir rompu lances , coutelas ,
haches , dards , fleches , & boucliers,

ils se mêlerent en faisant danser leurs chevaux d'une maniere tres-agreable.

On peut mêler aux violons les flageolets, les flutes, les musettes, les hautbois & les cromornes, pour fortifier certaines parties que l'on veut qui marquent davantage dans les mouvemens de la danse. On peut les interrompre & les mêler pour plus de varieté.

Nous voyons dans Athenée & dans Julius Pollux, que les Anciens avoient presqu'autant d'instrumens differens qu'ils avoient de diverses danses. Que les filles dansoient au son de quelques instrumens doux ; que ceux qui servoient aux Ballets des hommes étoient plus forts, & ceux au son desquels dansoient les vieillards étoient plus graves.

Chaque Nation a aussi son caractere d'harmonie. Il y a des airs Allemans, Italiens, Espagnols, François &c. Les Provinces mêmes ont la plûpart des danses particulieres. Ce n'est pas une des moindres beautez des Ballets que cette diversité, quand on represente les peuples & les Nations les plus barbares qui dansent à la maniere de leur pays.

Il faut ajuster les airs aux actions

aux mouvemens , & aux paſſions que l'on doit repreſenter , parce que les airs ſont pour les mouvemens , & non pas les mouvemens pour les airs comme dans les danſes ordinaires. On peut donner à ces airs deux ou trois parties differentes ſelon la diverſité des actions qui ſe font dans une même entrée ; on peut même changer l'air quand l'action change.

L. 2. Strom.

L'harmonie a tant de rapport avec les mouvemens de l'ame que Clement d'Alexandrie , dit qu'Ariſtote a comparé le cœur de l'homme à un violon , & que les quatre cordes qui le font agir , ſont le plaiſir , la douleur , la crainte & le deſir ; ce ſont ces quatre paſſions que ce Pere appelle le Tetrachorde. *Ad totum Tetrachordum , voluptatem , & dolorem , metum & cupiditatem exercitatione magna & pugna opus eſt.*

Tractatu de Muſica.

C'eſt le ſon qui entre dans l'oreille qui fait l'harmonie des mouvemens, dit Plutarque , comme le temps fait la meſure, & la lettre des chanſons fait entendre les ſentimens. Ce n'eſt pas un ſon ſimple qui fait l'harmonie, ajoûte-t'il , il faut au moins qu'il y en ait quatre , qui ſe répondent des uns aux

autres dans une proportion arithmetique de ton à ton , ou de ton à demi-
ton. Les Anciens ne connurent pastoutes
ces harmonies & ces accords , & ils
n'avoient pas appris à rompre les nombres , comme ils firent depuis. Leurs
modes étoient alors si fixes qu'il leur
donnerent le nom de loix , mais ceux
qui vinrent aprés y découvrirent des
finesses que les premiers n'avoient pas
remarquées , & se donnerent de sçavantes libertez dans le contrepoint des parties pour les faire chanter plus agreable -
ment d'une maniere irreguliere. Ce fut
Terpandre qui trouva cette delicatesse
d'accords que l'on ne connoissoit pas
avant lui ; & Plutarque dit clairement
qu'il en fit de quatre parties.

Comme les Representations en Musique s'interrompent quelquefois par
des entrées de Ballets ; on peut aussi
interrompre les entrées de Ballets par
des recits en Musique. Au Ballet du
Triomphe de l'Amour dansé devant
leurs Majestés cét hiver dernier Diane
chantoit au milieu des Danses de ses
Nymphes , un Indien & deux Indien-
nes chanterent au milieu d'un autre entrée. Une Nymphe de la suite de la Jeunesse chanta au milieu d'une autre en-

trée. Les Anciens le pratiquoient ainfi , puifque leurs chœurs étoient mêlez de chant & de Danfes.

Pour fervir au fpectacle on donne
quelquefois des perfonnnages aux concertans , & on les fait paroître vêtus
en Tritons, en Sirenes , en Faunes ,
en Satyres , en Mores , en Nymphes ,
& en Bergers, felon les fujets que l'on
traite. C'eft ce qu'on fit aux feftes de
Verfailles , & au Ballet Comique
pour le Mariage du Duc de Joyeufe
avec Mademoifelle de Vaudemont. On
le fait auffi affez fouvent pour les
Trompettes , les Tymbaliers , les
Hautbois , & les autres Joüeurs d'inftrumens dans les Carroufels.

La reception du Duc d'Urbin à
Florence l'an 1616. fut merveilleufe à
l'égard de cette difpofition des Muficiens & des Concertans au Ballet &
au Carroufel qui fe firent, quand ce
Duc mena fa fille au Prince de Tofcane qui devoit l'époufer. Le fujet de
toute la fefte fut la guerre de la Beauté *Guerra de Bellezza* , & la décoration un mont Parnaffe au deffus duquel s'élevoit un grand Chêne avec
fes fruits d'or, pour reprefenter celui des
Armoiries de la maifon de Roüere qui

poffedoit

poſſedoit alors le Duché d'Urbin. Pluſieurs trophées étoient attachés aux
b anches de cét arbre pour marquer les
actions militaires des Ducs d'Urbin.
Les Muſes étoient aſſiſes à l'ombre de
ce Chêne , couronnées de ſes branches
au lieu de leurs anciens lauriers , &
joüoient de divers inſtrumens. Minerve aſſiſe auprés d'elles , s'appuyoit
ſur ſon bouclier chargé de la teſte de
Meduſe. Le Cheval Pegaſe auprés
d'elle faiſoit ſortir une Fontaine. Les
Gens de lettres favoriſez par la Maiſon
des Ducs d'Urbin étoient aſſis aux
pieds de la Montagnes couronnez de
Chênes comme les Muſes , & c'étoient
autant de Muſiciens. Sur la pointe la
plus baſſe de la Montagne étoit la Renommée qui avoit la Verité à ſes pieds
mais voilée & déguiſé , comme il arrive ordinairement quand elle ne s'apprend que par les bruits , & les rapports du public. Aux pieds de cette
Montagne à l'oppoſite des Gens de lettres étoit une troupe de Menſonges
compagnes inſeparables de la Renommée , & de grand ſervice pour les Poëtes. Elles avoient au dos des aîles
noires , double viſage , & étoient vê-
tues de couleurs changeantes. C'étoient

autant de muſiciens qui chantoient ces
vers.

   Della Fama alate ancelle
Mille ſiam varie Bugie ,
Che per l'aria or buone or rie
Apportiam ſempre novelle
       Ma p ù belle,
Habitiamo entro le corti
Ove ſiam di varie ſorti.

   Eſſer Coruo e parer Cigno
Non havere e monſtrar fede ,
Parer ſanti a chi ci vede
E ſerbare il cor maligno ;
       Con un ghigno
Ingannar ſempre la gente
Noi ſappiam mirabilmente.

   Il mentir parole e panni
Il monſtrar per bianco il nero ,
Il coprir col falſo il vero
Opreſon de noſtri inganni
       Solo i vanni
Puo tarparne una donzella
Che ci ſegue e ci flagella.

   C'eſt ainſi que les Muſiciens & les
Concertans parurent au Ballet qui fut
danſé ; aprés quoi la Renommée di-

ftribua les Cartels pour le Carrousel qui se devoit faire peu de jours aprés. Un Roi des Medes, & un Roi d'Armenie devoient être les Chefs de ce superbe Carrousel chacun avec quatre quadrilles de Cavalierie, & cinq de gens de pieds assez nombreuses pour representer une petite armée. Les Concertans & les Musiciens eurent leurs personnages en ce Carrousel. Aprés les Medes marchoit le Char du Soleil, c'étoit un Atlas qui portoit un globe celeste sur lequel le Soleil étoit assis. Les douze Signes étoient assis sur le méme char vêtus d'étoiles. Les Mois vêtus en jeunes hommes avec des aîles les accompagnoient, avec les Heures & les quatre Saisons.

Aprés les Armeniens étoit le Char de Thetis orné de Rocailles, de Coquilles, de Coral, & de Perles. La Deesse étoit élevée au dessus d'une grande coquille sur laquelle elle étoit assise comme sur un trône. Les Sirenes, les Tritons, & les Nereïdes faisoient le corps des Musiciens & des Concertans. A chaque bout de la Place étoient autant de Mers avec le Trident à la main, dont elles battoient la mesure & donnoient le signe aux trom-

pettes , aux tambours & aux tymbales
pour les courſes. Au milieu du dernier
Combat de toutes les Quadrilles mêlées une grande nüe deſcendit, & s'é-
tant ouverte fit voir l'Amour avec les
Ris , les Jeux , & les Plaiſirs qui firent ceſſer les Combats , & commencer un Ballet à cheval. Comme ces
déguiſemens des Muſiciens & des Concertans tiennent plus de l'appareil &
de la Decoration que de l'harmonie à
laquelle ils ne contribuent rien , il faut
venir à cette autre partie du Theatre ,
qui eſt eſſentielle aux Ballets pour les
rendre plus agreables , & plus merveilleux.

L'APPAREIL.

L'Appareil du Theatre que les
Grecs nommerent *Choragion* , con-
ſiſtoit en trois choſes , aux décorations
de la Scene , aux habits des perſonnages , & aux machines. Le Ballet
demande ces trois choſes , & avec plus
de varieté que les autres actions de
Theatre , parce que c'eſt par l'appareil
& par les mouvemens que les figures
s'expriment , les Ballets étant des
actions muettes.

Les premieres ne furent que de verdure, parce que les premieres pieces
de Theatre furent des divertissemens
de Vandangeurs & de Bergers, qui
chantoient & dansoient sous des feüil-
lées, & c'est de l'ombre que faisoient
ces fueilles & ces verdures, que les Grecs
leur donnerent le nom de *Scenes*, comme la feste des Tabernacles que les
Juifs celebroiët tous les ans est nommée
Scenopegie dans l'Evangile, parce que
les Juifs dressoient alors des fueillées, &
des maisons de verdure pour representer les campemens de leurs ancestres
quand au sortir de l'Egypte ils passerent quarante ans par des deserrs pour
aller à la terre que Dieu leur avoit
promise. Ovide parle de ces Scenes
naturelles de verdure.

Illic quas tulerant Nemorosa Palatia
    frondes
Simpliciter posita, Scena sine arte fuit.

C'est ainsi qu'on a fait servir en diverses occasions les allées & les palis-
sades des Jardins pour des representations faites dans des maisons de Campagne. Il y a un Theatre de cette sorte
dans le Jardin des Tuilleries.

S iij

Le peu de durée de ces verdures, & la difficulté d'en trouver dans les hivers firent fucceder les tapifferies à cette efpece de Scene, & la commodité de les changer, fervit à la varieté. Leur principal ufage à toûjours été de cacher les Acteurs, & de leur fervir de retraite jufqu'à ce qu'ils duffent paroiftre pour agir & pour reciter ou pour chanter fur le Theatre. Auffi pour rendre ces décorations plus naturelles on les appropria aux fujets. On ne fit pour les paftorales & pour les pieces champétres que des décorations de verdure, de bois, de rochers, de cabanes, de grottes, & de hameaux. Pour la Tragedie on reprefenta des Temples, des Palais, de grandes Sales, des places publiques, des prifons, des villes, un camp, &c. Pour la Comedie des maifons bourgeoifes, un marché, des ruës, des boutiques, &c.

J'ai parlé au Traité des Reprefentations en Mufique, des decorations celeftes, facrées, militaires, ruftiques, maritimes, Royales, civiles, hiftoriques, poëtiques, magiques, Academiques &c. felon la nature des fujets que l'on reprefente.

C'est le Ballet qui a introduit cette grande varieté, & les changemens de Scene, parce que tout d'un coup aprés avoir fait paroître des Dieux, il peut faire paroître des Bergers, des Soldats, des Cyclopes, des Demons, des Peuples de divers païs, & plusieurs autres entrées qui demandent des Scenes nouvelles, pour les approprier aux sujets. Ce fut un Claude de la branche des Pulchriens, qui étant Edile à Rome fit une grande Scene de Colomnes & de peintures, au lieu qu'auparavant elle étoit d'un simple entablement de planches unies les unes aux autres sans aucun ornement. La magnificence des Magistrats fit paroître en divers temps des Scenes argentées & dorées, on en fit paroître d'yvoire & d'argent avec des tentures de pourpre, des termes, des statuës, des vases, & d'autres ornemens.

La necessité de changer les faces des Theatres fit trouver l'invention des Scenes mobiles sur des pivots, des coulisses que l'on tiroit, & des tentures qui s'élevoient & qui s'abbaissoient. Virgile parle de ces trois manieres de changer la Scene au troisiéme des Georgiques, où il dit :

Vel Scena ut versis discedat frontibus
   utque
Purpurea intenti tollant aulæa Britanni.

Scena *versis frontibus*, est celle qui tourne sur des pivots, *discedat* celle qui se tire par des coulisses, *& tollant aulæa*, celle ou les tapisseries s'élevent & s'abbaissent. Ce qui fait voir que les Romains avoient déja ces trois usages ; quand il dit :

Purpurea intenti tollunt aulæa Britanni.

Il nous apprend que c'étoit en bas que les tapisseries étoient pliées, & qu'en les élevant insensiblement par des cordes, les personnages representez sur ces tapisseries sembloient eux-mêmes les lever. Ovide le dit plus clairement

Sic ubi tolluntur festis aulæa Theatris
Surgere signa solent primosque ostendere
   vultus.
Cætera paulatim placidoque educta tenore
Tota patent, imoque pedes in margine po-
   nunt.

C'est la Scene des Theatres, dit Vitruve

truve, qui a été l'occasion de trouver
la Perspective, pour faire paroître des
lointains, & des retours de bâtimens
sur une face droite, par des lignes tirées de toutes les extremitez, d'où
elles vont aboutir à un point sur le milieu de la Scene, pour faire les enfon-
cemens. Car comme naturellement
nous voyons les objets par des rayons
qui forment des Pyramides, dont la
pointe vient aboutir dans la retine,
c'est par des Pyramides opposées, que
nous trompons la vûë en faisant prendre aux objets d'autres apparences de
situations, que celles qu'ils ont naturellement. Je laisse aux Peintres & aux
Mathematiciens à traiter de tous ces secrets de la Perspective, qui peuvent
servir aux Decorations de Theatre. Je
ne veux pas non plus repeter icy ce que
j'ay dit de leurs changemens & de leurs
diverses especes au traité des Representations en Musique. Je me conten-
te d'observer que les Anciens faisoient
trois Entrées en leurs Scenes, l'une au
milieu pour les Princes, une autre à la
droite pour ceux qui faisoient les se-
conds personnages, & la derniere à la
gauche pour les Esclaves & les Dome-
stiques ; les Soldats, les Gardes, &
T

autres personnes semblables, & qu'ils avoient des lieux destinez pour les Acteurs, pour les Danses, pour les Concertans, & pour les machines, qui font une partie de l'appareil.

Ce font les Machines qui surprennent agreablement par les mouvemens extraordinaires qu'elles nous reprefentent, parce que par leur moyen on voit descendre des Dieux & des Genies du Ciel en terre, monter des Enfers au Ciel, & voler par les airs d'une manière si prompte, que les yeux en sont éblouis. Ces machines sont des nües, des Chars, des Vaiffeaux, des animaux, des Aigles, des Griffons, des Elephans. Un Ciel qui s'ouvre & qui se ferme, des Trones mobiles, des Monftres. Les machines des Anciens étoient attachées aux portes, par lefquelles on entroit fur la Scene, & ces machines attachées à des pivots étoient aifées à mouvoir. C'étoit par là que venoient les Meffagers, les Etrangers, & les Voyageurs. Ce qui venoit de la ville venoit par la machine qui étoit fur la porte gauche, ce qui venoit d'ailleurs venoit par la machine droite. Et c'étoit par cet endroit même que les Dieux Marins étoient introduits. Ils avoient des chaffes fuf-

penduës où se prononçoient les oracles, & par où les Dieux descendoient
du Ciel. C'est là qu'ils faisoient leurs
recits, & c'est par là que les Heros
étoient enlevez dans le Ciel. C'étoit
de là que Jupiter lançoit ses foudres,
en même temps qu'on exprimoit le
bruit du tonnerre avec des grands sacs
de cuir remplis de cailloux, que l'on
agitoit violemment.

Il y a des machines essentielles à certaines representations. L'Aigle qui porte Jupiter, les Paons qui tirent le Char
de Junon, les dragons du Char de Medée, le Cheval de Bellerophon & de
Persée, les Nuées & l'Arc-en-ciel d'I-
ris. Il y a d'autres machines, qui ne
servent qu'à rendre le sujet que l'on
traite plus merveilleux, & à surprendre
les spectateurs. Elles dépendent de l'invention de celui qui conduit les Ballets.

Les plus agreables de ces representations sont celles où les entrées sont
preparées par quelque spectacle, c'est
à dire où les personnes qui doivent
danser, paroissent dans quelque machine devant que de faire leur entrée. Au
Ballet d'Hercule amoureux representé
pour les nopces du Roi, il n'étoit rien

de si magnifique que la premiere entrée,
où la Scene des deux côtez representoit
des Montagnes , & des Rochers sur
lesquels étoient couchez quatorze Fleuves soûmis à la Domination des François , dans les fonds du Theatre se
voyoit la Mer , & dans l'air , la Lune
qui descendoit dans une machine qui
representoit son Ciel. Cette machine
venant à s'ouvrir, fit voir quinze Dames representant quinze familles Imperiales, dont est issuë la Maison de France.
Ce furent ces quinze familles qui firent
la premiere entrée de Ballet , & puis
rentrerent dans la machine qui les re-
porta dans le Ciel. Des Entrées de cette
sorte donnent trois plaisirs à la fois,
celuy du spectacle, celui du chant &
des Concerts , & celui de la Danse,
comme en cette occasion , où l'on vit
des Montagnes, la Mer & le Ciel en
même temps. La Lune & les Fleuves
chanterent, & les quinze familles danserent.

Le premier Acte de cette representation finit par Junon qui retournoit au
Ciel sur son Char tiré par des Paons , &
des nuages qui l'environnoient. Elle fit
tomber des tempêtes & des foudres,
qui firent la troisiéme entrée de Ballet,

Tout un Ballet se pourroit faire par machines, chaque entrée ayant la sienne, tantôt un Vaisseau, tantôt un Monstre Marin, comme une Baleine d'où sortiroient les Danseurs, tantôt des nuës, tantôt des chars, tantôt des bassins de fontaines d'où sortiroient des Naïades, tantôt des Montagnes & des Rochers.

Il y a des Nymphes qui sortent des troncs & des écorces des Arbres, des statuës, qui sortent de leurs Niches pour danser. On a vû tout d'un coup dans une salle où rien ne paroissoit disposé pour un Ballet, au son de la Lyre d'Orphée se lever tout un Theatre, & se dresser avec ses decorations. Cela s'est fait souvent dans des allées de jardins, de l'un des bouts s'avançoit un Theatre portatif, où rien n'avoit paru auparavant qu'un grand & vaste promenoir. Monsieur de Lionne Ministre d'Estat, donna un spectacle de cette sorte au Roy dans sa maison de Berni, ayant fait porter un Theatre par les Cent-Suisses, sans qu'il parût par quel moyen il étoit porté. Il est aisé de faire de ces Theatres sur l'Eau, & on l'a fait souvent en Italie sur de grands Canaux.

Les Dieux, & les enchantemens, font les plus belles machines, parce que

les uns & les autres supposent toujours
des prodiges, & des choses surnatu-
relles, en quoy consiste le merveilleux en fait de machines.

Les Anciens donnerent le nom de
Miracles à ces mouvemens extraordinaires des machines, qui faisoient voir
des choses surprenantes, particulierement à ces Danseurs de corde qui se
balancent en l'air & se roulent, ne se
tenant que d'un pied ou d'une main à
une corde, tandis qu'ils jettent le reste
du corps. D'autres se jettoient au travers des Espées nuës, des roües, & des
feux allumez. On se sert quelquefois
de ces gens là pour faire dans les Ballets des Entrées surprenantes de sauts
que l'on nomme perilleux. Claudien
décrit ces machines & ces entrées au
Panegyrique huitiéme.

> *Mobile ponderibus descendat pegma re-*
> *ductis.*
> *In que chori speciem spargentes ardua*
> *flammas*
> *Scena rotet, variosque effingat Mulciber*
> *orbes*
> *Per tabulas impunè vagus.*

Dion Chrysostome & Seneque ont

décrit ces mouvemens. Homere introduit des Danseurs qui joüent des pieds
au Balon.

Les habits font une partie de l'appareil & de la Decoration des Ballets,
comme j'ay déja observé, particulierement les habits allegoriques. Au couronnement de Petrarque qui se fit dans
le Capitole, l'an 1341 le 22 May, jour de
l'Ascension du Fils de Dieu, on lui
donna des habits mysterieux pour cette
ceremonie. Aprés la grand' Messe solennellement chantée par l'Evêque de Ter-
racine qui étoit de la Maison Colonna,
dans la Chapelle du Palais de cette illustre famille, & un superbe festin
que le Prince Colonna donna à tous
les Sçavans invitez à manger avec Petrarque, le Maître des Ceremonies fit
apporter sur la table les œuvres de ce
Poëte, & les ayant mises sur de riches
carreaux de Velours fit un discours à
l'assemblée sur le merite de cét Autheur, & ayant conclu qu'il meritoit
de recevoir solennellement la Couronne de Laurier, toute l'assemblée s'écria
qu'il le meritoit, & qu'on étoit prest
à accompagner la pompe de son triomphe & de son Couronnement. On le
depoüilla aussitôt de ses habits pour

T iiij

luy en donner de triomphe. On lui mit
au pied droit un Brodequin rouge avec
les attaches traversées sur le pied, &
rattachées à la jambe qui étoit la chauf-
fure de l'ancienne Tragedie. Au pied
gauche on lui mit celui de l'ancienne
Comedie, qui étoit plus bas, & de
couleur violette, attaché de rubans
bleus, pour representer l'amour & la
jalousie, qui sont les sujets les plus
ordinaires des actions comiques. Aprés
l'avoir chauffé de cette sorte, on le re-
vêtit d'une longue robe de velours
violet sur un pourpoint de satin couleur
de menuës pensées pour exprimer celles
des Poëtes. La fourrure de sa Veste
étoit verte pour signifier que le Poëte
doit toûjours avoir des inventions nouvelles. Le bord étoit d'un galon d'or,
pour montrer qu'un bon Poëte ne
doit rien mettre au jour qui ne soit affi-
né & épuré comme l'or. Sa Ceinture
étoit une chaisne de Diamans, dont
l'éclat & le brillant marquoit l'enchaî-
nure des belles choses qui se voyent
dans ses Poësies. Sur cette Veste étoit
un Manteau de satin blanc symbole de
l'innocence des mœurs d'un Poete,
qui ne doit choquer personne, comme
tant de méchans Poëtes ne font que

trop souvent par leurs poësies trop libres. On lui mit sur la tête un haut bonnet en forme de Thiare propre à recevoir les Couronnes que l'on vouloit lui donner. Ce bonnet élevé en pointe pour marquer l'élevation de l'esprit & des pensées de Petrarque, étoit de toile d'or. On luy mit au col enforme de collier de Chevalerie, l'image de la Lyre celeste attachée à une Chaisne d'or faite de petits Dragons entortillez les uns aux autres, pour exprimer la sagacité & la subtilité de l'esprit jointe à l'harmonie des nombres & des cadences poetiques pour la versification. Les Gands qu'on lui mit aux mains n'étoient pas moins mysterieux que le reste des habits ; celui de la main gauche étoit de Loutre animal de rapine, pour faire entendre qu'un Poete doit emprunter des Anciens, & se servir de leurs lumieres. Celuy de la droite étoit de Letice, & signifioit la gayeté de l'esprit des Poetes.

La queüe de sa longue robe fut portée par une Fille échevelée, couverte d'une peau d'Ours, & déchaussée, elle portoit un flambeau allumé en plein midy, & representoit la Folie, qui accompagne presque toûjours les Poe-

tes. Ce fut en cet équipage, que Petrarque descendit de la sale du Palais
des Colonnes, dans la cour, où il trouva un Char fait en forme de Mont-Par-
nasse, avec Apollon & les Muses.

Les symboles des Divinitez Fabuleuses étoient peints autour de ce Char,
& marquoient les inventions de la Fable qui sont l'ame de la Poesie. Le Trône sur lequel il fut assis étoit formé
d'un Lion, d'un Elephant, d'un Grif-
fon & d'une Panthere, pour faire entendre que les Poetes ont le pouvoir
de domter & d'apprivoiser les Monstres, & de chanter comme Orphée les
loüanges des Dieux. A sa droite étoit
un pupitre avec des livres, des plumes,
& un Ancreyer qui sont les armes des
Scavans. Les Graces l'accompagnoient
sur ce Char comme ses fideles compagnes. La Resverie vétüe de Tanné,
tenoit les Rênes des Chevaux. Il fut
accompagné en cet état, de deux grands
chœurs de Musique, l'un de voix, &
l'autre d'instrumens. Des Satyres &
des Faunes, dansoient apres ce Char.
Plusieurs jeunes gens chantoient des
Vers latins & Italiens à sa loüange. On
jettoit de la verdure & des fleurs par
toutes les rües par où ils passoient. Les

Dames des Balcons & des Fenêtres, versoient sur lui des eaux odoriferantes, & une s'étant trompée, au lieu d'une Phiole d'eau d'Ange, lui jetta une phiole de Fard, dont la composition étoit si violente, que les cheveux lui en tomberent en tous les endroits qui furent touchez de cette eau.

Etant arrivé au Capitole, il fit un discours latin, aprés lequel le Senateur prononça qu'il meritoit d'être couronné Poete, ayant tous les avantages de la parfaite poesie. On lui mit aussitôt une Couronne de Lierre pour la poësie Dithirambique, une couronne de Laurier pour l'Heroïque, & une couronne de Myrte pour la Lyrique. Le Senateur luy mit au doigt un anneau d'or avec un Rubis de cinq cent Ducats, outre toute la depense necessaire pour son triomphe, qui fut faite aux frais du public Les quatre filles du Prince d'Anguillara luy firent des presens de leurs ouvrages de broderie, pour reconnoître l'honneur qu'il avoit fait à leur sexe, en le celebrant dans ses Vers. Du Capitole il alla au Vatican rendre graces à Dieu, jettant par les ruës quatre cent Florins en diverses pieces de monnoye que les Princes Colonnes

luy donnerent pour faire cette liberali-
té au peuple à la maniere des Anciens
Triomphateurs. Estant arrivé au Vatican, il defcendit de fon Char, entra
dans l'Eglife, appendit fes trois Couronnes au Tombeau du Prince des
Apôtres, & retourna au Palais des Colonnes, qui lui avoient fait preparer
un grand & fuperbe Souper, qui fut
fuivi d'un Bal des Cavaliers, & des
Dames principales de Rome.

J'auray lieu de parler ailleurs de ces
habits allegoriques, qui fervent égale-
ment aux Ballets & à la Peinture, &
qui font prefque toûjours l'un des
principaux ornemens des decorations,
& des Emblemes. Pour revenir aux
machines, il y en a qui furprennent
d'autant plus agreablement que l'on
s'attend moins à ce qu'elles doivent
faire paroître. Ainfi l'an 1561 le Duc
de Ferrare voulant paffer agreablement
le Carnaval, prepara un Tournoy &
un Ballet. Au fouper du Dimanche
gras que la Ducheffe donna aux Dames
& aux Cavaliers de la Cour, parut
une Reine étrangere, qui apres avoir
fait demander audience par un Heraut,
entra dans la Sale où on danfoit, &
parlant en langue Arabe, dit qu'elle

étoit Alfarabie fille de Taccafore Roy
de Gaoga au pays des Marmariques,
laquelle étant conduite d'Afrique en Allemagne par Colocaure Roy de renti-
capée son Mary, comme ils passoient
par la Forest de Feronie, le Roy ayant
appris que sur une Montagne au milieu
de cette Forest étoit un Château merveilleux où alloient faire preuve de leur
valeur ceux qui vouloient acquerir de
l'honneur, il y étoit allé accompagné
d'un seul Escuyer, pour y donner des
marques de son courage, mais qu'ayant
eu affaire à un Geant terrible, il avoit
été aresté prisonnier dans ce Château,
& qu'elle prioit les Cavaliers de la
Cour du Duc de vouloir la servir, en
delivrant le Roy son Mary. Son Interprete ayant expliqué en langue Italienne
ce qu'elle venoit de dire en sa langue
naturelle, le Duc luy promit son secours, & ajouta à cette honnesteté,
celle de luy donner escorte jusqu'à ce
qu'elle fût en lieu de seureté. Ainsi le
jour qu'elle partit qui étoit le jour destiné au Carrousel, on vit parmy l'E-
quipage de la Reine douze grands Elephans chargez de Tours, & comme
ils entroient dans la grande rüe, qui
étoit le lieu destiné aux courses, on

vit venir de l'autre bout autant de barques argentées, quand tout d'un coup
les Tours que portoient les Elephans,
venant à s'ouvrir en deux, & la tête,
la trompe, & la croupe s'abbatant,
on découvrit douze Cavaliers cachez
dans les corps de ces Elephans, il en
sortit autant des Batteaux pour compo-
ser deux Quadrilles qui combattirent.

Les Danses d'Elephans, de Lions,
d'Aigles, de Vautours, d'Ours, de
Singes, de Centaures, se rangent entre les machines. Les grands Carrousels sont ordinairement accompagnez
de Danses de Chevaux dressez par des
Escuyers, & c'est au son des Trompettes, des Tymbales, & des Tambours,
que l'on les fait danser. Monsieur de
Pluvinel fit un de ces Ballets de Chevaux au Carrousel du feu Roy. Six
Chevaliers & six Escuyers en firent
toutes les figures dans une distance
quarrée de soixante six pas.

La premiere figure fut des Chevaliers & des Escuyers rangez en cette
maniere.

I.

I I.

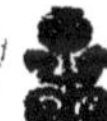

Cette figure se fit à pas & à courbettes. La seconde étoit un tour au
pas en rond, & un autre tour à courbettes.

III.

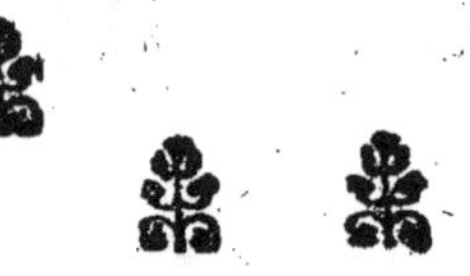

La troisiéme fut de deux demy voltes
à courbette pour les Chevaliers, &
pour les Escuyers un tour au galop.

La qua

La quatriéme deux passades à courbettes, & les Escuyers deux demi voltes terre à terre.

La cinquiéme, deux voltes à courbettes, & les Escuyers deux Voltes
terre à terre.

La sixiéme, les trois faisant au milieu du rond une Volte ensemble, & les trois autres cependant allant & venant à courbettes de côté. Les Escuyers faisoient aprés une Volte & demie à terre, chacun autour de son Chevalier.

A la septiéme ils partoient vis-à-vis l'un de l'autre, & faisoient une volte, changeant de compagnon de deux à deux, & puis une demi Volte en retournant chacun à sa place, toûjours à courbettes : Aprés les Escuyers s'entrelassoient en faisant une Chaisne terre à terre.

A la huitiéme, tandis que les Escuyers faisoient la chaisne, les Chevaliers reprenoient leur rang en allant vint pas & vingt courbettes, & se rencontrans en cette figure.

Puis continuant jufqu'à ce que les Efcuyers fiffent celle-cy.

Aprés ils reprenoient la même fuite, & fe trouvant en cet ordre & en cette figure ils allerent tous enfemble conti-nuellement au pas & à courbettes, juf-qu'à la place du Camp qui leur étoit deftinée.

Toute la cadence des chevaux fe reduit à quatre forte d'airs, à l'air de terre à terre, à l'air des courbettes, à l'air des Caprioles, & à l'air d'un pas & un saut.

L'air de terre à terre est de pas & de mouvemens égaux, en avant, en arriere, à volte sur la droite, ou sur la gauche, & à demi volte. On le dit air de terre à terre, parce que le cheval ne s'y éleve point.

L'air des Courbettes est un air de mouvemens à demy élevez, mais doucement, en avant, en arriere, par voltes, & par demy voltes sur les côtez, faisant son mouvement courbé, ce qui fait donner le nom de courbette à cet air.

Les caprioles ne sont autre chose que des sauts que fait le cheval à temps dans la main, & dans les talons, se laissant soutenir de l'un, & aider de l'autre, soit en avant, en une place, sur les voltes, & de côté. Tous sauts ne se peuvent pas nommer caprioles, mais seulement ceux qui sont hauts & élevés tous d'un temps.

L'air d'un pas & d'un saut est un air composé d'une capriole, & d'une courbette fort basse. On commence par une courbette, & aprés raffermis-sant l'aide des deux talons, & soûte-

nant ferme de la main on lui fait faire
une capriole, & lâchant la main, &
le chaſſant en avant, on lui fait faire
un pas. Aprés on recommence ſi lon
veut retenant la main & aidant des
deux talons pour lui faire faire une autre capriole.

Ces airs ont diverſes paſſages qui
ſont comme le temps de l'harmonie
qu'il faut obſerver, car comme dans
les Ballets ordinaires il y a trois choſes,
l'air, les temps de l'air, & la figure; le
Ballet des chevaux les a auſſi: L'air du
Ballet eſt lent ou precipité, gay, ou
grave. Il y a auſſi les quatre airs des
mouvemens des chevaux comme je les
ai expliqués. Les temps des airs ſont
les mouvemens ou le ſon des inſtrumens, auſquels il faut accommoder les
mouvemens des pieds & du corps, en
ſorte qu'ils ſe répondent, ce qu'on
appelle proprement cadence, parce
qu'ils commencent & finiſſent en même temps, comme deux corps qui s'é-
levent & tombent en même temps.

Les temps des airs des chevaux ſont
les paſſages qu'on leur fait faire, les
faiſant aller en avant, en arriere, à
une place, & de côté deça & delà.
De tous ces mouvemens ſe font diver-

V üj

ses figures, & quand d'un seul temps sans s'arrêter on fait aller son cheval de ces quatre manieres, on appelle cela faire la croix, ce qui est une figure.

Les passades relevées sont les plus difficiles, parce qu'il faut que le cheval, quelque plein de feu qu'il soit, ait avant que de commencer la patience de se tenir à une place, & droit, puis qu'il ait l'art de bien partir de la main, qu'il arrête juste sur les hanches allant en une place le temps d'un autre repart, & ainsi deux, trois, quatre ou six demi voltes, selon le temps de l'harmonie. Pour manier à un pas & un saut il faut que le Cavalier lâche la main, afin que le cheval fasse le pas avec un peu de furie, comme s'il manioit terre à terre, puis soudain il faut tirer la main comme quand il manie à courbettes, aprés la soutenir pour lui faire faire la capriole fort haut.

Comme il y a diverses passades pour les airs de terre à terre, & des courbettes, il y aussi trois sortes de caprioles : qui sont toutes trois de même hauteur des pieds du cheval. Aux veritables caprioles le cheval étant en l'air à la fin de sa hauteur avant que tomber à terre espare entierement du der-

riere, faisant resonner la jointure du
jarret C'est à dire qu'il ruë tout d'un
coup, en étendant les jambes en arriere avec violence. Quand il n'espare
qu'à demi, on donne le nom de ba-
lotade à la capriole, & le nom de
groupade, quand au lieu de rüer &
d'étendre les jambes en arriere il les
trousse sous lui comme s'il les vouloit
retirer dans le ventre, & retombe
presque les pieds ensemble, ayant le
temps plus court que celui des balo-
tades.

Les trompettes sont les instrumens
les plus propres pour faire danser les
chevaux, parce qu'ils ont loisir de reprendre haleine quand les trompettes
la reprennent. Il n'est point aussi d'instrument qui leur soit plus agreable,
parce qu'il est martial, & que le cheval qui est naturellement genereux, aime ce bruit qui l'anime. On ne laisse
pas de les dresser & de les accoûtumer
à l'harmonie des violons, mais il en
faut un grand nombre, que les airs
soient des airs de trompettes, & que les
basses marquent fortemēt les cadences.

Selon la nature des airs on manie les
chevaux pas à pas, & terre à terre,
ou par courbettes & par sauts.

Les Sybarites font les premiers qui les dreſſerent à la danſe avec tant de ſuc-cez, que Pline aſſure que toute leur Cavalerie avoit des chevaux ainſi dreſ-ſez. *Docilitas tanta eſt, ut univerſus Sy-baritani exercitus equitatus ad ſymphoniæ cantum ſaltatione quadam moveri ſolitus inveniatur.* Athenée a remarqué aprés Ariſtote que les Crotoniates qui leur faiſoient la guerre s'en étant apperçeus, firent ſecretement apprendre à leurs trompettes les airs des Ballets qu'on faiſoit danſer à ces chevaux, & que les ayant fait ſonner quand la Cavalerie des Sybarites parut, leurs chevaux au lieu de combattre & de ſuivre les mou-vemens que leur donnoient les Cava-liers qui les montoient, ſe mirent tous à danſer, ce qui leur donna le moyen de les mettre en deſordre, & de les tail-ler en pieces ſans beaucoup de reſiſtan-ce. Charon de Lampſaque raconte la même choſe des Cardiens, qui furent défaits par les Biſaltes peuples de Ma-cedoine, qui ſe ſervirent d'un ſemblable ſtratageme.

L'un des plus beaux Ballets de che-vaux qui ſe ſoient faits eſt celui d'Eo-le, Roi des Vents, qu'Alfonſe Rug-gieri Sanſeverino fit aux Nopces du
Prince

Prince de Toscane l'an 1608. à la place sainte Croix de Florence. Sur un des fonds de cette place paroissoit un grand écueil avec une grotte enfoncée dans son rocher, & fermée d'une grande porte serrée de cadenats.

Dom Antoine de Medicis qui faisoit la fonction de Mestre de camp ayant reconnu la carriere, Eole Roi des Vents entra accompagné de douze Mariniers ausquels il avoit appris l'usage des voiles & la nature des Vents. Douze Tritons marchoient devant lui sonnant de leurs trompes. Huit Sirenes leur repondoient avec d'autres instrumens accompagnées des Frimats. Et huit Pages representoient autant d'effets des Vents qui rendent le temps froid, chaud, humide, sec, clair, obscur, serein, & plein de nuages.

Les deux Parrains marchoient aprés ces Pages. Le char de l'Ocean suivoit tiré par deux grandes baleines. Il representoit un écueil couvert d'algue, de corail, de divers coquillages. Les Nymphes de la mer, des rivieres, & des fontaines étoient assises sur cét écueil, & faisoient un grand concert de Musique avec des instrumens à vent que Dolopée femme d'Eole regloit.

X

Eole ayant passé en cét équipage, &
étant arrivé devant la loge des Princes, fit la reverence à la nouvelle
Epouse, & lui ayant offert son Royaume & toutes ses troupes prit une lance en main, & partant tout d'un coup
alla rompre contre la porte de la caverne des Vents, qui en ayant été
ouverte, & les cadenats brisez, mit
en liberté trente deux Cavaliers, &
cent vingt huit Estafiers qui courant
comme les Vents qu'ils representoient,
allerent à l'autre fond de la place jusqu'à ce qu'Eole les arréta, par les divers commandemens qu'il leur fit pour
les ranger en figure triangulaire. Il
les mena tous en cét ordre faire la reverence à la Princesse pour qui se faisoit cette feste. Aprés ayant pris leur
place ils commencerent à manier leurs
chevaux en rond sur la droite, & marchant terre à terre, ils se mirent file
à file pour faire la chaîne, & seize
l'ayant rompuë en firent une plus serrée, dont huit s'étant encore déta-
chez en firent une plus petite. Les
premiers allant à courbettes manie-
rent à voltes & demi voltes, & se
joignant par passades deux à deux
quatre à quatre, & huit à huit mêloient

des caprioles au galop, & caracollant en figures, firent un labyrinte merveilleux par leurs divers enlaffemens, & leurs évolutions.

L'an 1615. on fit un autre Ballet de chevaux en cette même Cour pour l'arrivée du Prince d'Urbin. Ce fut une attaque & un combat en cadence contre trois cens hommes de pied, qui firent divers bataillons en croiffant, en ovale, en quarré, & en triangle. Ils avoient fi bien dreffé leurs chevaux, qu'ils ne perdirent jamais leur cadence, ny la mefure des airs. Il y eut grand nombre de machines tirées par des Lions, des Cerfs, des Elephans, des Rhinoceros, &c. Et comme on reprefentoit le triomphe d'Amour fur la Guerre, les quatre parties du monde fuivoient le Char du victorieux montées fur autant de chariots. Le Char de l'Europe étoit tiré par des chevaux, le Char de l'Afrique par des élephans, le Char de l'Afie par des chameaux, & le Char de l'Amerique par des licornes. Les machines de cette fefte furent gravées par Calot.

Il n'eft pas merveille que l'on puiffe dreffer des chevaux à la danfe,

puis qu'on y dreſſe des chiens , des
ſinges , des ours & des élephans mémes , qui ſont les plus lourds des animaux. Elien , Martial , & Arian,
parlent des danſes de ces animaux qui
ont une inclination ſinguliere pour
l'harmonie. *Enimverò ad numerum ſal-*
tare , dit Elien , *tibiæ auditione demulce-*
ri , curſum tardare ad ſoni tarditatem ,
ſeque remittere ad remiſſionem tibiæ , rur-
ſùs quùm acutè ſonans impellit feſtinare
diſcere aſſequi perfectè elephantus ſolitus
eſt. Voilà toutes les marques de la ju-
ſteſſe des cadences ; & cette addreſſe des
elephans paſſe la machine puis qu'ils
s'ajuſtent à la meſure des airs , aux
temps & à la nature des tons. Ce
qu'Elien ajoûte eſt encore plus ſur-
prenant , quand il dit que du temps
de Germanicus on dreſſa douze de ces
animaux avec tant de ſuccez qu'ils
danſoient de juſtes Ballets en diverſes
figures , & vétus de divers habits propres aux ſujets qu'ils repreſentoient.

Si des animaux qui ſont ſi lourds
ont tant d'addreſſe ; les chevaux qui
ſont plus maniables peuvent bien être
plus capables de diſcipline ; & d'autant
plus aiſément que les hommes les
montent , & ont deux aides pour les

conduire la bride, & les efperons. Il
n'eft pas jufqu'aux poiffons qui font
naturellement les plus indifciplinables
de tous les animaux qui n'aiment la
danfe & le fon des inftrumens : ce qui
fait qu'on fe fert quelquefois de cét
artifice pour les prendre principalement les Paftenades. *Illæ verò tùm au-
ditu mulcentur tum fpectanda faltatione
fe oblectant, & adnant propiùs.*

Idem.
L.1. hift
anim.

Les machines les plus propres à
être produites font des chariots, des
Vaiffeaux, des Rochers, des Nuës,
des animaux & des monftres. Les chariots fervent aux Divinitez, qui ne
doivent prefque jamais paroître fur la
fcene, que par machine, & nous devons donner ce fens au proverbe *Deus
è Machinâ*, qu'il faut prendre pour
un commandement en cét art, comme
les Anciens l'ont employé pour ceux
qui recevoient du fecours qu'ils n'at-
tendoient pas. Il faut que ces chariots
foient propres aux Divinitez que l'on
introduit & au fujet, & les faire tirer
par des animaux facrez aux Dieux,
qui paroiffent fur la Scene. Celuy de
Bacchus fera entouré de Lierre & de
Pampres, tiré par des Tigres ou des
Linx, celuy de Jupiter doit avoir la

X iij

forme d'un Trône d'or ou d'yvoire, &
être tiré par des Aigles , celui de Junon
par des Paons, de Venus par des Co-
lombes, de Mars par des Lions, de
Diane par des Cerfs ou par des Chiens,
& on peut former des personnes fan-
tastiques pour le tirer; comme celuy du
Destin se peut tirer par le Temps, celuy
du Soleil par les Heures, celuy de l'A-
mour par les Desirs , de la Cruauté, par
des Furies , de Flora & du Printemps
par les Zephirs. Au Ballet de la nuit, le
Char étoit entierement noir , pour representer les tenebres, & tiré par des
Hiboux oiseaux de nuit. Celuy du Ballet des Destinées de Lyon , étoit tout
couvert de Miroirs , & tiré par le
Temps enchaîné.

On peut faire passer plusieurs chariots en un même Ballet comme en celuy de la Nuit, outre le premier , sur
lequel la Nuit paroissoit, on fit encore
paroître celuy de la Lune en la troisiéme partie, & celuy de l'Aurore, en la
quatriéme , en celui du Printemps victorieux de l'Hyver. Cette derniere
saison parut sur un Char d'argent & de
Chrystal qui representoient la Neige &
la Glace tiré par deux Aigles blancs,
comme il s'en voit aux pays Septen-

trionaux. Apollon y parut sur un autre Char au milieu des nuës , tiré par
ses coursiers ardents , & fut celuy qui
amena le Printemps.

Les Vaisseaux sont propres à porter les Princes dans les terres étrangeres
ou à debarquer des peuples étrangers.
Ils donnent occasion à faire danser des
Rameurs , des Vents , & des Tritons,
qui joüent au tour. Le char des Dieux
& des Deesses maritimes tient du Vaisseau , on le represente assez souvent en
conque , & il est tiré par des Chevaux
Marins , des Tritons , ou des Sirenes.

Les Rochers parurent mobiles en la
descente d'Orphée aux Enfers. A moins
d'une semblable invention fondée sur
la Fable , on les fait fixes , & leurs Cavernes servent de retraite aux Faunes,
aux Satyres , aux Sauvages , aux Bergers , aux Sorciers , aux Faux-mon-
noyeurs , aux Voleurs , aux Vents , &
aux animaux.

Les Nües sont les machines ordinaires des Planetes , des Anges , & des
Divinitez. Elles sont frequentes dans
l'Andromede. Le Zodiaque est propre aux Signes & au Soleil. L'arc-en-
ciel peut servir de Trône à la Paix. On
pourroit de même representer la voye

X iiij

de lait, pour servir de chemin aux Heros, & tout le Ciel pour une gloire. On fait sortir des Foudres & des éclairs des Nuës, des pluyes d'eaux parfumées, de la gresle musquée, une Neige de Fleurs, & des tempêtes sucrées, qui font souhaitter de voir souvent le Ciel irrité de cette façon.

Les animaux sont les machines les plus ordinaires, & ceux dont on se sert le plus souvent pour tirer les Chariots sont les Chevaux, les Lions, les Ours, les Aigles, les Tigres, & les Leopards, On employe les chevaux aux courses, comme au Ballet de l'Isle d'Alcidiane où l'on representoit des Joustes & des Tournois. En la boutade de la Foire de saint Pierre, un Ours conduit par un Charlatan, dansoit & faisoit les tours ordinaires que l'on fait faire à ces animaux disciplinez. En celuy du Printemps victorieux de l'Hyver, des Grues combattoient avec des Pygmées, & ces Gruës dansoient en l'air & enlevoient les Pigmées par le moyen de quelques machines. J'ay vû danser à diverses fois des Aigles & des Vautours qui portoient des Foudres, & venoient déchirer Promethée lié à un Rocher. Le Pere Mambrun en son Poëme de Constantin fait paroître pour un Ballet dansé devant cét Empereur , les trois parties du monde montées sur trois differens animaux. L'Europe sur un Cheval , l'Asie sur un Elephant , & l'Afrique sur un Chameau. Il décrit la quatriéme entrée de trois Lions , trois Lynx & trois hommes qui combattent ensemble.

Les monstres sont encore plus merveilleux , comme les centaures , faunes , satyres , tritons , sirenes , chimeres , cerberes , & autres semblables qui paroissent d'autant plus beaux qu'ils sont plus extravagans.

Il faut pourtant prendre garde que ces representations soient bien faites , & que les machines joüent à propos, autrement elles donnent sujet de rire aux spectateurs , & gâtent entierement le succez de la piece. Sur tout il faut que les animaux soient aprés nature , & que ceux qui les font mouvoir en expriment tous les mouvemens ordinaires. Pour les rendre naturels on se peut servir des peaux de ces mémes animaux, & pour les mouvemens , il faut suppleer par des ressorts ; ce que les mouvemens humains ne sçauroient exprimer.

Ainſi on fera une langue & une
queüe mobile aux lions avec du fil de
de fer ; parce que c'eſt particulierement le mouvement de ces deux parties qui fait la grace du Lion.

On fait ordinairement ces repreſentations de nuit & aux lumieres, parce que l'un & l'autre eſt plus propre
aux machines que le grand jour, qui
en découvre l'artifice, & méme la
diſpoſition des lumieres ſert beaucoup
au ſuccez. Il y en a de cachées qui
éclairent ſans être veües, & qui font
voir l'objet par des jours reflechis.
Il y en a que l'on diſpoſe en ſorte que
l'on laiſſe en tenebres l'endroit des
reſſorts des machines. Il faut être di-
ligent à les faire mouvoir, & le faire
avec une viteſſe qui ſurprenne les
ſpectateurs.

Les habits dont j'ai déja parlé ne
font pas la moindre partie de l'appareil. Ils font aſſez ſouvent une partie
de la beauté de ces actions, & leur
varieté corrige quelquefoisle peu d'addreſſe des danſeurs. Il faut de l'eſprit
& de la bizarrerie en cette partie de
l'appareil. Et comme le Ballet n'a que
des Acteurs muets, il faut que leurs
habits parlent pour eux & les faſſent

connoiftre auffi bien que leurs mouvemens.

La premiere des conditions eft qu'il
faut qu'ils foient propres du fujet, &
fi les perfonnages font hiftoriques,
il faut autant que l'on peut s'attacher
à la forme des habits de leurs temps.
Celui des Anciens Romains eft le plus
augufte de tous ; & il n'en eft point
qui laiffe la jambe plus libre. Il étoit
compofé d'une cuiraffe avec fes lam-
brequins. Il lui faut une courte man-
che à moitié de bras, & on l'accompagne d'un bas de faye pliffé en rond
qui fait la cotte d'armes, le cafque
avec une aigrette & des plumes eft la
coiffure dont on accompagne cét habit, ne fut que reprefentant des victorieux il duffent porter des couronnes
de lauriers.

Il faut garder la méme maniere pour
les peuples eftrangers. Les Grecs ont
un bonnet rond avec quantité de plumes autour. La coëffure des Perfans
eft prefque femblable. Les Mores
ont les cheveux courts & crefpus,
le vifage & les mains noires, ils font
tefte nuë, à moins qu'on ne leur donnât un tourtil greffé de perles en forme de diadéme. Ils doivent porter

des pendans d'oreilles, les Turcs &
les Sarrasins doivent estre vétus d'un
doliman, & coëffez d'un turban avec
une aigrette. Les Americains ont un
bonnet de plumes de diverses couleurs,
une ceinture de même façon qui couvre leur nudité ; ils ont encore un
collier de ces mêmes plumes dont ils
portent un bouquet de chaque main
quand ils dansent. Les Japonnois portent une grande touffe de cheveux
liée en derriere. Enfin il faut consulter les Historiens qui ont fait la description de ces peuples. Calcondyle
a les figures de tous les habits orien-
taux, anciens & nouveaux, & l'on
met à present autour des tables Geo-
graphiques ces peuples vétus selon
leurs conditions differentes.

La seconde condition est qu'il faut
une grande varieté, & s'il se peut
il ne faut jamais faire paroître
deux fois une même sorte d'habits,
ou du moins il faut en sorte mêler les
entrées qu'il y ait un long intervalle
entre celles qui sont semblables. On
peut aussi changer la couleur si l'on
ne peut mettre d'autre difference, comme il arrive quelquefois dans les Ballets historiques, dont tous les per-

fonnages font d'une méme nation, &
prefque d'une méme condition. Il
eſt beau de voir aprés une entrée de
de Soldats une entrée de Bergers, &
aprés celle-ci une des divinitez de laFa-
ble, puis des voleurs, enfuite des animaux, des genies, des Americains, des
Perfans, des Maures, &c. Cette diverfité tient toûjours le fpectateur en fufpés.

La 3. condition eſt qu'il faut autant qu'il fe peut garder l'uniformité
dans les entrées, c'eſt à dire que tous
ceux qui les compofent foient vétus
de méme couleur & de méme maniere fi le fujet le fouffre.

La 4. que l'habit ne foit point em-
baraſſant, & qu'il laiſſe le corps &
la jambe bien libre pour danfer. Les
habits de femmes font les moins propres, parce qu'ils doivent eſtre longs.
Les Efpagnols font bons pour la fa-
rabande.

Si l'on donne quelque chofe en
main à ceux qui danfent, il faut
qu'ils s'en fervent à faire quelque
action. Comme d'un marteau & d'u-
ne truelle pour bâtir, d'une épée pour
fe battre, les fleuves verfent de l'eau
de leurs urnes, les Zephirs font du
vent avec des bouquets de plumes,

& les Cyclopes frappent fur l'enclume.

Le plus difficile eft de trouver des
habits propres aux perfonnes imagi-
naires, & à ces êtres moraux que
nous reprefentons fous des formes
humaines. C'eft ici où paroift l'efprit,
& le jugement de celui qui fait le deffein d'un Ballet. Car il faut que les
habits expriment autant qu'il fe peut
la nature, & les proprietez de la
chofe.

On habille les Villes en habit d'A-
mazone de la couleur des émaux de
leurs armoiries, & on leur donne
pour coëffure une couronne de tours.
Quelques uns fement leurs véftes des
pieces de leurs blafons, comme celle de
Paris feroit couverte de petits vaiffeaux, celle de Lyon, de Lions, celle de Rome, fe doit reprefenter comme elle eft dans les medailles anciennes. On donne aux Provinces la cuiraffe d'Amazone, & la Javeline.

L'habit du Printemps doit être vert
femé de fleurs avec une couronne de
rofes. L'Hiver doit être vétu de blanc,
avoir longue barbe, un habit fourré,
& paroiftre engourdi en fes poftures.
L'Efté de couleur ifabelle, qui eft

celle de la moisson, une couronne
d'épics en tête, & une faulx en main.

L'Automne de couleur d'olive ou
fueilles mortes, avec une corne d'a-
bondance pleine de fruit, & une couronne de pampres.

Les Vents s'habillent de plumes à
cause de leur legereté, le Soleil de toile
d'or avec une chevelure dorée, la Lune de toile d'argent, & l'un & l'autre avec un masque, l'un d'or à rayons,
l'autre d'argent.

Le Temps s'habille de quatre couleurs, qui marquent les quatre Saisons. On lui donne pour coëffure un
tymbre avec une montre qui marque
les heures, & des aîles au dos, aux
pieds & à la tête, une faulx & un
sable à la main. La Nuit doit être
vétuë de noir, semée d'étoiles, & un
croissant de Lune sur la tête.

La Fortune doit paroistre sous une
couleur changeante, un bandeau sur
les yeux, & une rouë en main. On
peut mettre sur son habit des sceptres
des couronnes; des armes, &c.

Le Destin doit être vétu de bleu semé
d'étoiles & couvert de miroirs parce
que c'est dans le cours des astres & dans
les miroirs enchâtez que l'ō cherche ses
destinées. Sa couronne sera d'étoiles; &

il tiendra une baguette en main.

L'Amour doit paroiſtre vêtu de couleur de roſes ſemé de cœurs enflâmez,
les yeux voilez, l'arc en main, la
trouſſe ſur le dos.

La Hayne au contraire ſera ſous
un habit couleur de feu, le fer & le
poiſon en main, ou un flambeau de
cire noire, & fumant. L'aſſortiment
de l'habit doit être noir parce qu'elle
eſt meſlée de triſteſſe.

L'Envie doit porter un habit jaune
ſemé d'yeux ouverts. La Pauvreté ſe
fait connoître par un habit déchiré
d'où pendent des lambeaux de pluſieurs couleurs.

La Foi doit être vêtuë de blanc pour
marque de ſa ſincerité porter un voile ſur les yeux, pour marque de ſa
ſoûmiſſion aux myſteres, un livre en
main, en tête un diademe ſemblable à
celui de Conſtantin. Je ne voudrois
pas lui mettre une croix ny un calice
en main. Il me ſemble que nous devons ce reſpect aux choſes ſacrées,
& qu'il n'eſt pas bien ſeant de faire
paroiſtre ſur la Scene ce qui ſert à l'autel.

J'habillerois la Religion de couleur
rouge ſemée de croix d'or qui ſont

la marque du fang répandu des Martyrs, je lui mettrois en tête la couronne de laurier, & en main la palme & le *labarum* de Conftantin. Cét habit eft modefte & choque moins que de la voir la Tiare en tête, l'encenfoir en main, vétuë des habits Pontificaux de la *Synagogue.*

Les Fleurs s'habillent de leurs couleurs naturelles.

Des Parties de Quantité du Ballet.

ARiftote parlant des parties de quantité de la Tragedie, & du Poeme Épique, leur en donne trois, le Commencement, le Milieu, & la Fin, qui font les trois dimenfions des Eftres fucceffifs, qui ont quelque efpece d'étenduë. Ces trois parties dans les actions de Theatre font l'établiffement du fujet, à qui les Grecs donnerent le nom de *Protafe.* L'intrigue ou le nœud, qu'ils appellerent du nom *d'Epitafe*, & le dénoüement qu'ils nommerent *Cataftrophe* ou *Cataftafe.* Le Ballet a trois femblables parties, l'Ouverture, les Entrées, & le grand Bal-

Y

let , que l'on nomme autrement Ballet general.

L'ouverture du Ballet eſt comme
l'expoſition du ſujet que l'on doit repreſenter ; c'eſt pour cela qu'elle ſe
fait par des recits , parce que le Ballet
étant de ſoy une repreſentation muette , il a beſoin du ſecours de la parole
& du chant pour faire entendre aux
ſpectateurs ce qu'il veut repreſenter.
Ainſi au Ballet de la Nuit danſé par
ſa Majeſté le 23. Fevrier l'an 1653.
l'ouverture ſe fit par la Nuit même,
qui s'avançant peu à peu ſur un char
tiré par des Hiboux étoit accompagnée des douze Heures , qui répon-
doient au recit qu'elle fit ; parlant
d'abord au Soleil qui ſe couchoit.

LA NUIT.

Languiſſante Clarté cachez vous déſ-
    ſous l'Onde,
Faites place à la Nuit la plus belle du
    monde,
Qui deſſus l'Horiſon s'achemine à grands
    pas,
C'eſt moy de qui l'on priſe & la noirceur,
    & l'Ombre,
Et j'ay mille agrémens dans mon Empire
    ſombre

Qu'en toute sa splendeur le jour même n'a
   pas.

LES HEURES.

Vous poussez le Soleil à bout
Et vous pourriez regner par tout ;
Mais une Reine, & ses vertus celebres
   Detruisent vos tenebres :
Son divin lustre efface vos flambeaux ;
De tous les yeux, ses yeux sont les plus
   beaux,
Et de toutes les mains, ses mains sont les
   premieres :
Nuit pouvez-vous durer parmy tant de
   lumieres ?

LA NUIT.

Je descends pour charmer ses yeux, &
   ses oreilles.
Et tout ce qui se passe en mes obscures
   veilles
Va briller dans ces lieux en differens
   portraits.
Amans ne craignez rien de vôtre Confi-
   dente,
Je sçay ce qu'il faut taire, & suis assez
   prudente
Pour ne pas découvrir icy tous vos secrets.   Y ij

LES HEURES.

Tenez donc vos rideaux tirez,
Sur les crimes que vous souffrez,
Et cachez bien vôtre desordre extreme
Devant la vertu méme , &c.

Le sujet de tout le ballet est exposé en ces deux vers.

Tout ce qui se passe en mes obscures
     veilles
Va briller dans ces lieux en differens por-
     traits.

Et pour achever d'exprimer ce qui devoit être representé quatre, des Heures se separant des autres representerent les quatre veilles de la Nuit qui devoient faire les quatre parties du Ballet , & firent la premiere entrée.

Au lieu d'un recit en Musique on peut faire l'ouverture par un simple Dialogue d'Acteurs. C'est ainsi qu'au Ballet des Amours déguisez dansé par sa Majesté au mois de Fevrier l'an 1664. le Theatre s'ouvrit d'abord par un combat de deux differentes harmonies , la plus forte composée des

Arts & des Vertus qui suivent Pallas, & la plus douce des Graces & des Plaisirs qui accompagnent Venus. Cependant ces deux Deesses prenant le parti l'une du Plaisir, & l'autre de la Vertu , entrent elles mémes en contestation. Mercure qui tâche de les accorder , leur propose de prendre le Roi pour arbitre de leur difrend : toutes deux l'acceptent avec une égale satisfaction : mais Pallas qui connoist l'avantage qu'elle a dans le choix d'un tel Juge, insulte à sa rivale , & aprés lui avoir fait remarquer combien sa Majesté par toutes ses actions se déclare ouvertement pour le parti de la vertu , la laisse dans la confusion. Ces beaux vers du recit de Mercure ne furent pas le moindre ornement de l'ouverture de ce Ballet.

MERCURE.

Quel Arbitre peut mieux appaiser vôtre
   guerre
Que celuy qui déja l'est de toute la terre ;
LOUIS dont les decrets des peuples
   écoutez ,
(Resolus par luy seul , sont de tous res-
   pectez ;

LOUIS. de qui déja la sagesse profonde
Du Thrône des François preside à tout le
    monde,
Qui voit de tous côtez les plus grands Po-
    tentats
Briguer en supplians le secours de son bras,
Ou pour vivre à l'abry de sa juste puis-
    sance,
Rechercher à l'envi son auguste Alliance ;
Qui voit la Renommée avec toutes ses
    voix
Preparer l'Univers à recévoir ses loix.
Qui se trouve en tous lieux suivy de la
    Victoire,
Et qui presque trahy par l'excez de sa
    gloire
Voit par tout son grand nom par un heu-
    reux malheur
Derober la matiere à sa rare valeur ;
Sur luy de toutes parts la Terre interessée
Arreste fixement ses yeux & sa pensée ;
Et son moindre appareil, son moindre
    mouvement
Chez cent peuples divers porte l'étonne-
    ment.

Quand on veut commencer d'a-
bord par un grand spectacle, l'ouverture se fait par un grand nombre de
personnes de differens Etats, afin que
la diversité des habits arreste les yeux

comme le grand nombre de Muſiciens
& de Concertans charme les oreilles
par une pleine ſymphonie. Ainſi au
Ballet de Pſyché danſé devant ſa Majeſté au mois de Janvier l'an 1671. la
toile qui fermoit le Theatre étant le-
vée, il parut ſur le devant de la Scene des lieux champêtres. Un peu plus
loin parut un Port de Mer fortifié de
pluſieurs tours. Dans l'enfoncement
on vit d'un côté un grand nombre de
vaiſſeaux, & de l'autre une ville d'u-
ne tres-vaſte étenduë. Flore étoit au
milieu du Theatre ſuivie de ſes Nymphes & accompagnée à droit & à
gauche de Vertumne, Dieu des arbres
& des fruits, & de Palemon Dieu des
eaux. Chacun de ces Dieux conduit
une troupe de Divinitez; l'un mene
à ſa ſuite des Dryades & des Silvains
& l'autre des Dieux des Fleuves & des
Nayades.

Ce ſpectacle eſt grand, il remplit
l'imagination, il prépare à de belles
choſes, mais on en cherche la liaiſon
avec le ſujet, & l'on ne voit point
ce que font là ces vaiſſeaux, cette
mer, ce port, & cette grande ville,
où perſonne n'entre, & d'où perſonne ne ſort. Ils ne ſont là que parce

qu'on a voulu qu'ils y fuſſent. Ce qui ſuivoit étoit bien plus propre au ſujet. Une grande machine deſcendit du Ciel au milieu de deux autres plus petites. Elles étoient toutes trois enveloppées d'abord dans des nuages qui en deſcendant rouloient, s'ouvroient, s'étendoient, & occupoient enfin toute la largeur du Theatre. On découvroit une des Graces dans chacune des petites machines, & la plus grande étoit occupée par Venus, & par ſon fils environné de ſix Amours. Auſſi-toſt que Flore apperceut Venus, elle le preſſa de venir achever par ſes charmes les douceurs que la Paix avoit commencé de faire goûter ſur la Terre, & par un recit qu'elle chanta, elle témoigna l'impatience qu'elle avoit de profiter du retour de la plus aimable des Deeſſes, & qui preſidoit à la plus belle des Saiſons.

C'eſt ainſi que les ouvertures des Ballets ſe doivent faire par des machines parce qu'elles ſont comme le Myſtere de toute la piece, qui doit tenir du merveilleux pour preparer agreablement à tout le reſte du ſpectacle.

Quand les Ballets ne ſervent que d'interd'intermedes aux Tragedies , aux Comedies , & aux Reprefentations enMufique , ils n'ont pas befoin d'ouverture , principalement s'ils font liez au fujet de la Reprefentation. Ainfi au Ballet du Mariage forcé danfé par fa Majefté le 29 jour de Janvier de l'an *1664.* il n'y eut point d'ouverture , parce que ce Ballet faifoit une partie d'une Comedie. Le premier Acte commença par Sganarelle qui demandoit au Seigneur Geronimo , s'il devoit fe marier ou non ; cét amy luy ayant dit affez franchement , que le Mariage n'étoit guere le fait d'un homme de cinquante ans , Sganarelle lui répondit qu'il étoit refolu au mariage , & l'autre voyant fon extravagance , de demander confeil aprés une refolution prife , lui confeilla de fe marier , & le quitta en riant. Aprés deux Scenes de cette Comedie , & un recit de la beauté , la Jaloufie , les Chagrins & les Soupçons font la premiere entrée du Ballet. Quatre Plaifans ou Goguenars la feconde. Au fecond acte le Seigneur Geronimo éveille Sganarelle qui lui veut conter le fonge qu'il vient de faire : mais il lui répond qu'il n'entend rien aux fonges , & que fur le

Z

sujet du mariage il peut consulter deux sçavans qui sont contents de lui, dont l'un suit la Philosophie d'Aristote, & l'autre est Pyrrhonien. Il trouve le premier qui l'étourdit de son caquet, & ne le laisse point parler, ce qui l'oblige à le maltraiter. Ensuite il rencontre l'autre qui ne lui répond suivant sa doctrine qu'en termes qui ne decident rien ; il le chasse avec colere, & là dessus arrivent deux Egyptiens, & quatre Egyptiennes, qui font la troisiéme entrée de Ballet. Elle est suivie d'un magicien, & d'une entrée de quatre Demons. Aprés quoi suit le troisiéme acte composé de quatre Scenes, & de quatre entrées de Ballet, qui achevent toute la Piéce.

Au Ballet Royal dansé par leurs Majestez, entre les actes de la grande Tragedie Italienne *d'Ercole Amante*, il n'y eut point d'ouverture, parceque ce Ballet servoit d'intermede à toute la Piéce, mais la Tragedie eut un Prologue de la Lune accompagnée d'un Chœur de quatorze Fleuves qui ont été sous la domination des François, & aprés le premier acte, le Roi fit la premiére entrée, & dans la seconde on vit ce que la France avoit de plus grand,

puifque leurs Majeſtez , Monſieur ,
Monſieur le Duc, Mesdemoiſelles d'A-
lençon & de Valois, les Comteſſes de
Soiſſons , & d'Armagnac, Meſdemoiſelles de Nemours & d'Aumale , qui
occupent aujourd'hui deux Trones ,
l'une en Portugal , & l'autre en Savoye , les Ducheſſes de Luynes , de
Sully , & de Crequy , la Comteſſe
de Guiche, aujourd'huy Ducheſſe du
Lude, & Meſdemoiſelles de Rohan ,
de Mortemar , & des Autels , firent
cette magnifique entrée, repreſentant
autant de familles Imperiales.

Le Ballet Comique danſé l'an 1582.
par la Reine Loüiſe , au mariage du
Duc de Joyeuſe avec Mademoiſelle de
Vaudemont ſœur de la Reine , commença par une belle machine d'une
fontaine à douze faces, ſur chacune
deſquelles étoient deux Nereïdes avec
des inſtrumens pour les Concerts. Au
deſſus de ce baſſin qui paroiſſoit plein de
poiſſons, s'en élevoit un autre à balu-
ſtres , où étoient douze niches faites
en ſieges pour autant de Nymphes ,
au milieu deux Dauphins portoient
une couronne & formoient le Trône
de la Reine. Deux autres baſſins s'é-
levoient encore au deſſus formez d'au-

tant de Dauphins aggroupez qui faisoient de grands jets d'eau, & tout se terminoit par une boule d'or de cinq pieds de tour. C'est sur cette machine tirée par des chevaux marins & accompagnée de douze Tritons & d'autant de Sirenes avec leurs instrumens que descendirent la Reine, la Princesse de Lorraine, les Duchesses de Mercœur, de Guise, de Nevers, d'Aumale, & de Joyeuse, les Maréchales de Raiz, & de l'Archant, & les Demoiselles de Pons, de Bourdeille, & de Cypierre, toutes vétuës de toile d'argent, & de crespe incarnat avec des houpes d'or, & des pierreries, & firent la premiere entrée composée de douze figures differentes. Au premier passage de l'entrée elles étoient six de front & trois devant en un triangle bien large dont la Reine marquoit la premiere pointe, & trois derriere de méme.

Le ballet a ses parties & ses entrées comme la Tragedie a ses Actes & ses Scenes, mais le nombre de ces parties n'a jamais été arrété comme celui des Actes qui est de cinq dans toutes les Tragedies, & de trois en la plûpart des Representations en Musi-

que, parce que les deux intermedes
de ʙallets suppléent aux deux autres
Actes.

Il y a des ʙallets fort courts qui ne
laiſſent pas d'être agreables & méme
fort ſpirituels. L'an 1627. le Duc
de Savoye pour finir le Carnaval introduiſit au milieu d'un ʙal qu'il donnoit aux Dames un ʙallet de Circé
chaſſée de ſes Etats. Cette Reine entra
d'abord & chanta un recit Italien,
aprés lequel ſes ſuivantes danſerent
l'entrée de ʙallet en faiſant leurs
ſortileges avec des baguettes des tours
& des enlaſſemens. Aprés ces enchantemens parurent douze rochers mobiles qui danſant en diverſes figures s'en-
taſſerent les uns ſur les autres d'une
maniere ſurprenante pour ne faire
qu'une montagne, qui s'ouvrant en
divers endroits fit paroiſtre des chiens,
des chats, des tigres, des lions, des
ſangliers, des cerfs, des loups, qui
ſe mêlant avec leurs cris, leurs rugiſ-
ſemens, leurs hurlemens, & les ſons
qui leur ſont propres à celui des inſtrumens & de la Muſique firent le
plus groteſque concert que l'on eut
jamais oüi, les chiens abboyans, les chats
miaulans, les loups hurlans à divers

Z iij

temps. Aprés cette Muſique extravagante une nuë deſcendant du Ciel &
couvrant toute la montagne, les charmes
ſe defirent, & les douze Ecuëils ſe changeant en douze Cavaliers qui reprirent leur forme naturelle , le Ballet finit par une belle entrée qu'ils firent
tous enſemble. Voilà un Ballet fort
ſuccint qui ne laiſſe pas d'avoir ſes
beautez.

On danſa la méme année dans la
méme Cour pour la naiſſance du Duc,
un Ballet qui ne fut guere plus long
& qui ne fut pas moins agreable. Le
ſujet étoit Promethée qui déroboit
le feu du Ciel. L'ouverture en fut
tres-ſpirituelle puis que ce fut la Renommée qui la fit ,   & qui joignant
l'occaſion de cette feſte au ſujet qu'on
devoit repreſenter, chanta ce recit.

LA FAMA.

Jo, ch'à l'alto Valor Metalli, e Marmi,
Ne vengo ad eternar del nuovo Alcide,
Di Carlo , al cui Natale il Ciel arride ,
Tra le Muſiche cetre al ſuon de l'armi.

Sotto un gemmato vel diſpiego l'ale ;
Carca d'alti trofei, grave e leggiera.

E de l'opre più rare dispensiera
Stendo l'Eterno vol Fama immortale.

O tu la cui virtù col Sol gareggiâ
Prometheo che l'huom di frale velo
Esanime formasti, hor vanne al Cielo ;
E ruba l'alma che nel Sol lampeggia.

Dans les deux premiers quatrains elle fait voir l'occasion en laquelle elle paroît, & dans le troisiéme elle propose le sujet, quand elle dit à Promethée qui a formé l'image de l'homme d'un vil limon, d'aller prendre dans le corps du Soleil le feu pour l'animer. Aprés ce recit il parut d'abord une caverne dans le mont Caucase en forme de boutique de Statuaire où étoit Promethée travaillant actuellement à former une de ces statuës, & ayant receu l'ordre de l'animer avec un rayon du Soleil, il tente de monter au Ciel ; il le fait par le moyen de ses compagnons qui montant sur les épaules les uns des autres jusqu'à faire quatre étages, lui font une espece d'echelle naturelle, par laquelle il monte & trouvant la chaîne d'or dont parle Homere, laquelle descend du Ciel à terre, il s'y attache, & montant par son moyen jusqu'au Soleil, il en apporte un rayon de lumiere en terre. Jupiter indigné de son audace, le condamne à estre attaché au Caucase pour estre déchiré par un vautour, qui descend du Ciel. Echo plaignoit le malheur de Promethée, lors que l'Immortalité appelle Hercule & ses compagnons pour délivrer Promethée. Ils combattent avec le vautour, rompent les chaînes dont Promethée étoit lié, & le mettent en liberté.

Les plus longs Ballets ne sont que de cinq parties, ceux qui servent d'Intermedes aux Tragedies & aux Comedies, en ont ordinairement quatre. Il y en a de trois, & de deux, & quelquefois d'une seule.

On entremêle des recits aux entrées de Ballet, comme on entremêle des danses aux representations en Musique. Il faut que les uns & les autres soient liez au sujet que l'on traite. Le Ballet comique de la Reine eut non seulement des chansons entremêlées, mais il eut des recits assez longs de pure declamation, & en ce temps là, c'étoient les personnes de la Cour qui recitoient elles-mêmes, comme elles dansoient. Ainsi Monsieur de la Roche Gentilhomme servant de la Reine Mere du Roy, fit le premier recit, representant un Chevalier fugitif du palais de Circé, apres y avoir repris sa premiere forme que cette Enchanteresse luy avoit ôtée. Son recit fut de quatre vingt & six Vers Alexandrins.

Circé qui le cherchoit en fit un autre qui fut beaucoup plus court. Il fut suivi d'une Chanson des Sirenes & des Tritons que la Musique de la Chambre representoit. Aprés quoy entra la grande machine de la fontaine sur laquelle étoient douze Nereides, qui firent la premiere entrée. Glauque & Tethis firent aprés cette entrée un Dialogue en Musique. Circé étant sortie de son Jardin vint toucher de sa baguette les Nereïdes qui s'étoient rangées en Croissant, aprés avoir achevé leur entrée, & les changea en autant de Statues, elle fit la même chose à tous les Violons qu'elle rendit immobiles, en méme temps on entendit gronder le Tonnerre, la foudre éclata, le Ciel s'ouvrit & Mercure descendant du Ciel vint delivrer les Nereides de l'enchantement de Circé. Ce Dieu chanta en descendant du Ciel un Recit de trente six Vers dont le premier étoit.

Je suis de tous les Dieux le commun Messager.

Etant au milieu de l'air il répandit d'une phiole d'or une liqueur sacrée, qui venant à tomber sur les Nereïdes & à rejaillir sur les violons, rompit l'enchantement de Circé, & alors les violons se remettant à rejoüer, les Nereïdes reprirent leur entrée de Ballet dont elles firent encore quelques figures. Circé indignée de voir ses charmes défaits par Mercure, entra en furie, & le touchant lui-méme de sa baguette l'endormit, son caducée lui tomba des mains, & la nuë sur laquelle il étoit porté le laissa couler à terre. Elle toucha de nouveau les violons qu'elle rendit encore immobiles, & se fit suivre des Nereïdes qu'elle emmena dans son jardin. Là paroissant sur son trône Mercure endormi à ses pieds, elle fit passer devant elle ceux qu'elle avoit changez en animaux, ainsi on vid des cerfs, des chiens, un élephant, un lyon, un tigre, un sanglier, &c. Pendant quoi elle fit un long recit de prés de cent vers. Ce fut là comme le

premier acte ou la premiere partie du
Balet, où il y avoit plus de recit,
& de chant que de danse, & ce fut
peut-estre l'occasion de lui donner le
nom de Ballet Comique. L'intermede qui suivit cette premiere partie fut
de huit Satyres, dont un seul chantoit, & sept autres joüoient des flutes. A la fin de leurs chansons parut
une espece de montagne ou plûtost de
mote de terre au milieu de laquelle
s'élevoit un grand arbre qui la cou-
vroit de ses branches, huit autres
arbres plantez tout autour de cette
mote enlassoient leurs branches avec
celui du milieu, & faisoient un agreable berceau sous lequel étoient assises
quatre Nymphes Dryades, avec l'arc
en main & la trousse sur le dos comme
les Nymphes de Diane. Ces quatre
Nymphes étoient autant de Demoiselles de la Reine, & c'étoient les
Demoiselles de Vitry, de Surgeres,
de Lavernay, & d'Estavaye la jeune.
Celle de Vitry se levant de bout, dit la
Relation de ce Ballet, *commença à re-*
citer au Roi les vers suivans si distincte-
ment, avec une telle grace & modeste as-
surance, que les Doctes assistans qui jus-
qu'à cette heure n'avoient eu connoissance

*d'elle , jugerent à l'inſtant la vivacité de
ſon eſprit capable & ſuſceptible de choſes
plus hautes & difficiles en toutes ſciences &
diſciplines.   Le ſieur de Juvigny Eſcuyer
du Roi & gentilhomme favori des Muſes
& de Mars repreſenta le Dieu Pan & fit
un Dialogue avec la Demoiſelle de Vitry qui lui parla ainſi ſous le nom de la
Nymphe Opis.*

*Pan qui d'un ferme accord tes Satyres
         contiens
Et d'un nœud éternel les élemens retiens.*

Les quatre Vertus Cardinales firent
le troiſiéme Intermede , deux joüant
du Luth , & les deux autres chantant
ces Vers.

*Dieux de qui les Filles nous ſommes,
O Dieux les Protecteurs des hommes,
Du Ciel avec nous deſcendez :
Dieux puiſſans ſuivez à la trace
Les Vertus qui ſont vôtre race,
En la France que vous gardez.*

A peine eurent-elles fini , qu'un
grand Char tiré par un Dragon , &
orné de Trophées d'armes, de livres,
& des inſtrumens des plus beaux Arts,

s'avança fur le milieu de la Scene,
Mademoifelle de Chaumont repré-
fentant Minerve, étoit montée fur ce
Char éclairé de cent flambeaux de cire
blanche, & aprés avoir fait un recit au
Roy, elle en fit un à Jupiter qui defcendit du Ciel à fa priere. Ces deux
Divinitez avec Pan, les Satyres & les
Vertus vont au jardin de Circé, pour
faire ceffer fes charmes, & pour delivrer de fes Prifons ceux qu'elle avoit
transformez en beftes. Circé va aude-
vant d'eux toute forcenée, Jupiter la
frappe de fon foudre, & l'abbat, Minerve fe faifit de la baguette dont elle
fe fervoit pour faire fes enchantemens,
& la prefenta au Roy. Apres quoy
les Dryades & les Nereïdes danferent le grand Ballet de quarante paffages ou figures, tantôt en quarré ; en
rond, en Triangle, & de plufieurs autres façons. La diverfité des habits des
Dryades & des Nereides fervoit beaucoup à diftinguer ces figures. Les
Naïades ou Nereides étant vétuës de
blanc, & les Dryades de vert. A la
moitié du Ballet, fe fit une chaifne
compofée de quatre enlacemens differens l'un de l'autre.

Le grand Ballet eft la derniere entrée, par laquelle se terminent ces repreſentations muettes. Il eſt dit grand Ballet, parce que le nombre des Danſeurs y eſt toûjours plus grand qu'en toutes les autres Entrées, & que l'on y fait un plus grand nombre de paſſages & de figures. Tous ceux qui ont danſé dans le Ballet, ſe reuniſſent ordinairement pour cette Entrée.

Au Ballet Royal de la nuit, le Soleil accompagné de vingt-un Genies, fit le grand Ballet. En celuy de Pſyché, ce fût l'Hymen & les Plaiſirs. En celuy qui ſervit d'Intermede à la Tragedie *d'Ercole Amante*, ce furent les Eſtoiles. Les Amours deguiſez en Grecs firent la derniere entrée des Amours deguiſez. Un Charivary groteſque acheva le Ballet du Mariage forcé.

Il ne s'eſt guere vû de grand Ballet plus ſuperbe que celuy qui ſe fit dans la Sale de Bourbon le 19. Mars 1615. pour le Mariage de Madame de France avec le Roy d'Eſpagne. Le grand Ballet commença par trente Genies ſoûtenus en l'air, qui vinrent annoncer la venuë de Minerve, c'étoient les Muſiciens de la Chambre & de la Chapelle du Roy, un grand Char doré tiré par deux Amours, portoit Minerve, & quatorze Nymphes ſes compagnes, une troupe d'Amazones accompagnoit ce Char , & faisoit un Concert de Luths. La Reine d'Espagne qui representoit Minerve dansa sur cinq airs differens , chacun diversifié de plusieurs figures. Au sixiéme air tous les Luths, les voix & les Violons joints ensemble. Minerve & les quatorze Nymphes danserent ensemble , quarante personnes étoient en même temps sur la Scene , trente dans le Ciel , six suspendus en l'air, tous dansant, & chantant en même temps.

Les Ballets d'attache qui se font entre les Entrées des representations en Musique doivent être liez au corps de la piece, aussi bien que ceux que l'on jette entre les Actes des Tragedies & des Comedies , quand on ne forme pas un dessein entier de Ballet pour y servir d'Intermedes. Au College de Clermont où se fait tous les ans une grande Tragedie pour la distribution des Prix donnez par sa Majesté , on lie le plus souvent le sujet des Ballets à celui de la Tragedie. L'an 1671 le sujet de la Tragedie étant la ruine de l'Empire des Assyriens, on fit le Ballet des Songes , parce que le Ciel ne se servit pas seulement de la main qui parut sur la muraille d'une

Sale du Palais de Balthasar , pour pre-
dire ce renversement, il l'avoit fait connoître longtemps auparavant par plusieurs songes. Ce qui fit prendre pour
le sujet du Ballet qui devoit accompagner la Tragedie, les Songes. Leurs
causes generales & particulieres furent
exprimées dans les deux premieres parties. Les deux dernieres en representerent les tromperies , & la Verité qui
sont les deux effets des songes , dont les
uns ne sont que des Illusions de l'Imagination, tandis que les autres sont mysterieux , & des moyens dont la Providence se sert quelquefois pour nous
decouvrir ses secrets.

Dans la premiere partie de ce Ballet
la Nuit , le Silence, la paresse , & la
Lassitude , qui causent naturellement
le Sommeil, l'introduisirent pour faire
la premiere Entrée. Le bruit , le Soin,
la Jalousie & la Crainte s'efforcerent
de le troubler , & firent la seconde entrée. Les Sens attirez par la douceur du
Sommeil , se trouverent charmez dans
la troisiéme. L'Imagination avec ses
phantômes fit la quatriéme. Et les Enfans du Sommeil, Morphée, Icelus,
& phantasus, qui sont en même temps
comme les peres des songes firent la
cinquiéme. La

La diversité des songes causée par la diversité des humeurs & des temperamens fit la seconde partie, où le temperament sanguin fit voir les songes agreables, comme les autres temperamens en firent voir de melancholiques, de violens, & d'extravagans.

L'an 1672. le sujet de la Tragedie étant sainte Catherine, dont les deux noms faisoient le sujet de l'intrigue, & servoient à tromper Maximin, qui aimoit & persecutoit en même temps la même personne trompé par la diversité de ses noms, on prit pour le sujet du ballet l'Illusion, dont les quatre parties furent les Illusions des sens, les Illusions de l'imagination, les Illusiós de l'esprit & les Illusions du cœur qui regnoient dans toute la Tragedie & qui faisoient la beauté de son intrigue.

Pour la Tragedie de Cyrus qui se representa l'an 1673. le nom de ce Prince signifiant en langue Persane le Soleil, & cét Astre étant la Devise du Roi qui donnoit les prix, on representa dans le ballet l'Empire du Soleil sur le Ciel, sur les Saisons, sur les Elemens, & sur le Temps, & ce fut une allegorie perpetuelle du succez des armes victorieuses du Roy.

A a

Pour la Tragedie de Moyſe qui fut
le Legiſlateur des Hebreux, & l'Ennemy declaré de l'Idolatrie, on fit de l'I-
dolatrie le ſujet du Ballet, parce que
l'Egypte qui étoit la Scene de la Tragedie a été le premier Theatre des ſu-
perſtitions auſſi bien que des premieres
avantures de Moyſe.

On ne s'eſt pas toûjours aſſujeti à
ces liaiſons, mais on a pris quelquefois les ſujets que le temps fourniſſoit,
comme l'an 1665. à l'occaſion des deux
Cometes qui parurent cette année-là,
on fit le Ballet des Cometes, dont on
publia le ſujet avec cet avertiſſement.

Puiſque les Poëtes nous parlent du
mouvement des Cieux comme d'un Bal, où
ils font danſer les Eſtoiles toutes les Nuits,
on a crû qu'il ſeroit auſſi permis de faire
le Ballet des deux Cometes qui ont paru
cette année. La premiere ſembloit de mau-
vais augure à quelques Aſtrologues à cauſe
du temps, & du lieu de ſa naiſſance; de ſa
lumiere ſombre, & de ſon cours d'Orient
en Occident qui la tenoit au commencement
éloignée du Soleil. La ſeconde ne promet-
toit rien que de bon pour les raiſons contrai-
*res. Elle alloit d'Occident en Orient, & *
precedoit tous les matins le lever du Soleil,
comme pour ſervir d'avant-courriere à ce

Prince des Astres, & y conduire par son éclat les yeux de toutes les Nations que la nouveauté attiroit sur elle. C'est ce qui a donné sujet de feindre que le Soleil irrité de ce que les hommes le considerent moins que les Estoiles de la nuit, a fait naître comme il est le Pere des Lumieres, ces deux Cometes, l'une pour les punir de leur faute, & l'autre pour les instruire de leur devoir.

Trois ans auparavant à l'occasion de la naissance de Monseigneur le Daufin, on fit de sa destinée le sujet du Ballet. L'Europe, l'Asie, l'Afrique & l'Amerique, qui en composerent les quatre parties, chercherent cette destinée. L'Europe consulta les Sybilles qui furent la plufpart Europeanes, l'Asie se servit des Astrologues judiciaires dont les plus habiles furent les Chaldéens, l'Afrique employa les Physionomes & les Devins, qui eurent tant de credit parmy les Egyptiens, & l'Amerique eut recours aux Demons qui sont ses Oracles & ses Divinitez. Les Sybilles firent connoître que c'étoit par la vie du pere qu'il falloit juger de celle du fils. Les Astrologues, que le Ciel en feroit une vie glorieuse & pleine de prodiges, les physionomes, que sa vie

A a ij

seroit de longue durée, & les Demons
prenant l'épouvante & la fuite firent
entendre par leur desordre, qu'une vie
aussi chrétienne que celle de ce jeune
Prince porteroit l'effroy jusques dans
les Enfers.

Ceux qui ont voulu se dispenser des
regles des justes Ballets, ont inventé
de nouveaux noms inconnus aux Anciens, & ont pretendu faire des Ballets comiques, des Ballets mascarades,
des Tragedies-Ballets, & d'autres pareilles choses, qui ont aussi peu de fondement que la Tragi-comedie que l'on
a tâché d'introduire sur le Theatre,
contre l'usage & les regles des Anciens.
Car Aristote qui a écrit si exactement
de la Poëtique, dont la Tragedie, le
Ballet, l'Opera, & la Comedie sont
quatre especes differentes qui regardent
le Theatre, a dit si sagement, que chaque espece de Poësie differe en trois
choses, ou en la nature du sujet qu'elle
traite, ou en la maniere dont elle le traite, où en sa fin, qu'il ne faut que considerer ces differences, pour trouver les
caracteres de ces quatre especes de representations sans en vouloir faire de
nouvelles, par l'union monstrueuse de certaines choses, qui ne peuvent

s'unir enfemble fans détruire toutes les regles, & la nature même des chofes.

Ceux qui ont voulu donner cours à la Tragicomedie ont dit que la Tragedie à toûjours une fin funefte, & que l'ufage méme a introduit de donner le nom de Tragique à tout ce qui arrive de lugubre dans le monde, & qu'ainfi les reprefentations, qui ont une fin heureufe aprés avoir eû des commencemens qui ne promettoient rien que de lugubre doivent, s'appeller Tragi-comedies par ce mélange d'évenemens triftes, & heureux qui peuvent s'introduire fur la Scene, & qui y paroiffent affez fouvent. D'autres plus éclairez confiderant que les perfonnes, les actions, la conduite de l'intrigue, les mœurs, les fentimens, la diction, l'appareil font les parties effentielles à la Tragedie, & à la Comedie, & que c'eft en cela méme qu'elles fe diftinguent l'une de l'autre, en ce que les perfonnes de la Tragedie font illuftres, & celles de la Comedie de parmi le peuple, que les actions de l'une font grandes, publiques, & connuës de tout le monde, & celles de l'autre particulieres & privées, que la fable de l'une eft

A a iij

grave ferieuſe, & terrible, celle de l'autre plaiſante & enjoüée, que les mœurs de la Tragedie font conformes à la dignité des perſonnes, & aux caracteres que l'hiſtoire leur donne, au lieu que celles de la Comedie font des peintures naturelles des vices qui regnent parmi le peuple; que la diction de l'une eſt élevée, & celle de l'autre populaire, qu'enfin l'appareil de l'une ne fait voir que des temples, des Palais, & des appartemens de Princes, tandis que l'autre fait voir des boutiques d'artiſans, & des maiſons de Bourgeois : Ceux-là, dis-je, ont ſagement remarqué que s'il y a des Tragi-comedies, il faut qu'elles ſoient meſlées de perſonnes illuſtres & de perſonnes du peuple, que les actions ſoient grandes & baſſes en même temps, la fable grave & enjoüée, les mœurs meſlées ſelon la diverſité des conditions, la diction & l'appareil auſſi diverſifiez que les perſonnes, les actions, & les mœurs le peuvent eſtre. Ceux qui font la Tragi-comedie de ce mélange monſtrueux, citent l'Amphitruon de Plaute, où Mercure badinant dans le Pro-

logue lui donne tantôt le nom de
Tragedie, tantoft celui de Comedie,
& enfin celui de Tragi-comedie.

Poft argumentum hujus eloquar Tra-
gediæ.
Quid contraxiftis frontem, quia Trage-
diam
Dixi futuram hanc? Deus fum commu-
tavero
Eamdem hanc fi voltis faciam ex Tra-
gædia
Comædia ut fit omnibus iifdem verfibus,
Utrum fit, an non voltis? Sed ego ftul-
tior,
Quod ineptiam vos velle qui divus fiem.
Teneo quid animi veftri fuper hac re fiet,
Faciam ut mixta fit Tragico-comedia
Nam me perpetuò facere ut fit Comædia
Reges quo veniant & Di non par arbi-
tror.
Quid igitur quoniam hic fervos partes
habet?
Faciam ut mixta fit Tragico-comædia.

Il eft évident que l'occafion que
Mercure femble prendre ici, de donner le nom de Tragi-comedie à l'Amphitruon n'eft pas, parce que la fin
de la piece doit eftre heureufe, mais

parce qu'il y a des Dieux, des Princes, & des valets qui agiſſent ſur le
Theatre, & qu'elle a un caractere
meſlé de diverſes perſonnes, & de
divers rôlles, dont il faut que les
mœurs, les ſentimens, & les expreſſions ſoient diverſes. Il eſt ſi vray
que Plaute a voulu badiner en ce prologue, qu'il donne à ſa piece, tantôt
le nom de Tragedie, & tantôt celui
de Comedie, & que quand il s'eſt
ſervi du mot de Tragi-comedie,
c'étoit parce qu'il prévoyoit que l'on
trouveroit à dire qu'il eut introduit
des Dieux & des Heros dans une Comedie. C'eſt pour la méme raiſon
que M. Corneille, l'honneur de nôtre
Theatre, a donné le nom de Comedie
heroïque, à la piece de Dom Sanche
d'Arragon, parce que ce ſont des
Princes qui en font les perſonnages,
quoi que d'ailleurs l'action en ſoit
comique.

Ariſtote a qui reglé la Tragedie,
ou plutoſt qui a rapporté les uſages anciens du Theatre établis long-temps
avant lui, ne diſtingue point la Tragedie dont la fin eſt heureuſe de celle
dont la fin eſt malheureuſe, mais il
remarque ſeulement qu'il faut que la
Tragedie

Tragedie soit necessairement le passage, ou le changement d'une fortune en une autre, parce que c'est en ce changement que consiste la fin de la Tragedie, qui entreprend de purger l'ame des passions violentes, l'accoûtumant à voir ces changemens dans la fortune des Grands, ce qui rend la Tragedie terrible, & la fait en même temps un sujet digne de compassion. Les sujets de Tragedie qu'Aristote propose comme veritables sujets de Tragedie, ont une fin heureuse, la plufpart, comme la reconnoissance de Merope, lorsqu'elle étoit sur le point de faire mourir son fils les Iphigenies font de cette sorte, & quelques autres Tragedies de Sophocle & d'Euripide

Quand les Dieux & les Heros badinent ils ne font en rien differens des Personnages Comiques, Plaute le reconnoit lui même, quand il dit :

Quid admirati estis, quasi verò novum
Nunc proferatur Jovem facere histrio-
niam ?

Dans la plûpart des Comedies de Lope de Vega ce font des Princes & des Princesses, qui font les Acteurs.

Dans la Comedie de la *Fuerza laſtimo-ſa* les Perſonnages ſont le Roi d'Hibernie, l'Infante Deniſe, le Comte Henriques, le Duc Octave, Iſabelle femme du Comte, Jean fils d'Iſabelle, le Comte de Barcelonne, des Soldats Eſpagnols, des valets, deux Peſcheurs, & deux Païſans. *La Occaſion perdida, Il gallardo Catalan, El Mayoraſgo dudoſo, el Caſamiento en la muerte, La Reſiſtencia honrada, La Conteſa Matilde*, & pluſieurs autres ont de ſemblables Perſonnages. Perez de Montalvan fit repreſenter devant Philippe IV. une Comedie de Philippe II. ſon ayeul.

Il eſt bien permis d'entremêler les repreſentations en muſique, de Ballets, parce qu'ils ſont faits l'un pour l'autre, & ce mêlange eſt tres-agreable & tres naturel, bien loin d'avoir rien de monſtrueux : on fait auſſi aux Tragedies des intermedes de Ballets, parce qu'alors ces Ballets ſont à la Tragedie, ce que luy étoient les anciens Chœurs où l'on chantoit & l'on danſoit : mais une Tragedie-Ballet eſt un monſtre inconnu chez les Anciens. La Tragedie, la Comedie, les repreſentations en muſique & les Ballets ſont des Imitations.

C'est ce qu'elles ont de commun. La Tragedie & la Comedie imitent des actions, l'une les actions des Grands, l'autre les actions du peuple. Le Ballet imite la nature des choses, & represente indifferemment les hommes & les animaux. La Tragedie & la Comedie sont pour les mœurs & pour l'instruction, le Ballet pour le divertissement & le plaisir. La Tragedie ne reçoit que des personnes graves, & celle de leur suite qui sont necessaires à la conduite de l'action. Le Ballet est un mélange de personnes graves & enjoüées, historiques & fabuleuses, naturelles & allegoriques. La Tragedie a une Scene fixe & arrêtée dans une chambre, dans un Palais, dans un appartement, dans un jardin, & tout au plus dans une Ville : Le Ballet peut faire des changemens de Scene à toutes les parties, & même à toutes les entrées. Les machines & les Episodes doivent estre rares dans la Tragedie, ils sont frequens dans le Ballet. La Tragedie ne represente qu'une seule action, le Ballet en reçoit plusieurs. Rarement une même personne paroist deux fois dans le Ballet, à moins qu'elle ne change d'habit, parce qu'étant un

Bb ij

personnage muet, on ne sçauroit pourquoi elle revient sur la Scene.

On ne danse guere de ballet que l'on n'en publie le sujet auparavant, parce qu'il seroit difficile d'en concevoir la suite sans ce secours. On a aussi introduit l'usage de faire des vers en forme d'Epigrammes sur la plûpart des Personnages. C'est en cét endroit que les Poëtes se donnent souvent la liberté de faire des allusions peu honnétes, & de publier des vers qui sentent la licence des anciennes Saturnales. La dignité des personnes qui dansent, & les Loix du Christianisme devroient abolir cette licence qui fait des divertissemens criminels de ces representations qui d'elles mémes sont indifferentes.

Ces vers d'application se sont introduits dans les ballets pour la méme raison que les devises dans les Carroussels. On a voulu par ce moyen découvrir des passions secretes, & les faire connoistre aux personnes pour qui on entreprenoit & ces courses & ces danses ; & comme la plûpart de ces festes se font ou pour des mariages où l'on ne renouvelle que trop souvent les libertez de la Poësie payenne en de pareilles occasions, ou au Carnaval qui est un temps de débauche, on s'est permis en ces rencontres ce qui ne doit jamais estre permis quand on a de la pudeur, & ce que ne devroient jamais souffrir les personnes pour qui se font ces allusions si peu honnestes.

Les Italiens pour retenir la maniere des anciens Chœurs ont des intermedes dans leurs Tragedies & leurs Comedies où l'on danse des entrées de ballet au son des voix & des instrumens. Les intermedes ou les chœurs de la *Moglie odiata de Francesco Majorana* sont de cette maniere. Le premier est de danseurs qui entrent au son de divers instrumens, & aprés la premiere figure ils s'arrétent tandis que l'on chante ces paroles ausquelles l'Eco répond

Sposa bella e vaga
Onorata sposa
Di cui l'huom s'appaga,
Per cui l'huom riposa.

Soma dolce, e cara
Fida compagnia
Guida a l'huom si rara

B b iiij

Che nel Ciel l'invia.

Se tu sei pur quella
Sposa vaga e bella
Che sei dell'huomo la piu cara cosa
Faccisi honore alla gradita sposa.

L'enfant qui chantoit dansoit en chantant, & jettoit en méme temps aux spectateurs des bouquets de fleurs qu'il portoit dans une corbeille, & aprés chaque stance les danseurs reprenoient leur ballet & en faisoient un passage & une figure.

Le second chœur aprés le second acte fut de quatre Bohemiens qui chanterent une chanson Sicilienne, & danserent la basse de Roger.

Le troisiéme chœur fut de huit masques qui danserent la basse de la Cesarine, & chanterent une ballade.

Fuora, fuora amaro Amore,
Non Amor, ma tristo humore,
Non Amor ma vento vano
Fuora fuora, Amor insano
Vento van che per la vista
Entra al core, e'l alma attrista,
Vento van, ch'entra di gioco
E poi l'alma accende in foco.

Le quatriéme Chœur fut un ballet
de quatre Cuisiniers qui danserent &
chanterent cette plaisante Chanson.

Viva viva la Cucina
Ove il gusto si raffina,
Viva lei che con sua vaga
Arte, il senso ben si appaga.
Gusta vedendo
Gusta sentendo
Gusta toccando
Gusta odorando
Il senso humano:
Mà sia vano
Se il suo gusto
Non s'auviva,
Col gustare, il gusto affina
La Cucina, ond'ella viva
Viva, viva, la Cucina.

Quand on representa *Ercole in Tebe*
pour les nopces du Prince de Toscane
avec mademoiselle Marguerite Louise
d'Orleans, aujourd'huy Madame la
grand'Duchesse, chaque acte de cette
piece, fut terminé par une entrée de
Ballet. Le premier fut celuy des filles de
Samos, *Col ballo delle donzelle di Samo ter-*
mina l'atto primo. Le second se termina
par une entrée de Faunes & de Bergers.
Bb iiij

*Col ballo de' Fauni e de' Paſtori termina
l'atto ſecondo.* Les Amours & les Furies firent l'entrée qui ſuivit le troiſiéme Acte. A la fin du quatriéme il ſe fit
en danſant un combat des troupes
d'Hercule contre celles de Licus. A la
fin du cinquiéme Acte ſe fit le grand
ballet des Amours en l'air, des Monſtres
marins dans la Mer, des Nymphes ſur
le bord de la Mer, & d'une troupe de
Jardiniers dans un Jardin.

Aſtidamas celebre Poëte Tragique,
diſoit autrefois, que l'inventeur des
ballets devoit s'attacher principalement à une agreable varieté, & ne pas
toûjours retomber dans les mêmes entrées, comme font ceux qui introdui-
ſent dans tous les ballets des Forgerons, des Ivrognes, & des Luteurs,
ſemblables à ce Peintre dont parle Horace, qui peignoit par tout des Cyprez
parce qu'il n'avoit jamais appris à repreſenter d'autres arbres. Il compare
ces divertiſſemens à un Feſtin, où il
y a pluſieurs ſervices, & une grande
diverſité de mets dans chaque ſervice,
afin que chacun y puiſſe trouver de
quoy ſatisfaire ſon goût.

Les premiers ballets ſe danſerent
aux chanſons, c'eſt ce qui a fait re-

ποικίλην
εὐωχίαν
τὴν ποιη-
τὴν δεῖ
παρέχε-
ιν τοῖς
θεαταῖς
τὴν σο-
φόν.
Athen.
lib. I.
Ro.

tenir des chanſons & des recits de
Muſique dans les ballets. La plûpart de ces chanſons étoient des hiſtoires, ou des fables, des prieres aux
Dieux pour leur demander du ſecours
des chants de triomphe, des lamentations, des plaintes, & de ſemblables
choſes que l'on accompagnoit de geſtes, & de mouvemens conformes aux
choſes que l'on chantoit, ce qui fut
comme les premiers eſſais des repreſentations des Pantomimes. Ainſi
Eriphanis une faiſeuſe de vers aimant
paſſionnément un chaſſeur nommé Menalque, qui la mépriſoit, & qui ne
penſoit qu'à courir aprés les bétes ;
compoſa une chanſon par laquelle elle ſe plaignoit aux arbres, au rochers, & aux foreſts, de la dureté de
Menalque. Elle le ſuivit elle méme par
les montagnes & par les foreſts, chantant cette chanſon, dans laquelle elle
témoignoit que les bétes moins cruel-
les que Menalque, s'attendriſſoient
à ſes plaintes, que les rochers ſem-
bloient y devenir ſenſibles, & que
tout pleuroit avec elle. On chantoit
cette chanſon dans la Grece, & en la
chantant on exprimoit la paſſion d'E-
riphanis par des mouvemens qui te-

noient beaucoup de la danſe. Ariſto-
xene au livre qu'il a écrit de la Muſique, dit que les Femmes de Grece
chantoient une chanſon qu'elles nommoient Calycé, c'étoit le nom d'une
jeune fille qui étant devenuë amou-
reuſe d'un jeune homme nommé Eva-
tlus, prie Venus de lui accorder de
ſe marier avec lui, ou de lui permettre de ſe faire mourir, ſi ce jeune
homme ne répondoit pas à ſes deſirs,
ne voulant rien faire contre la pudeur
& la modeſtie de ſon ſexe, & ne de-
mandant avec lui qu'une alliance legi-
time, ce que n'ayant pû obtenir elle
ſe précipita. Au païs des Heracleens
un certain Borcus fils d'un homme riche & puiſſant, étant bienfait de ſa
perſonne, alla chercher de l'eau pour
donner à boire à des moiſſonneurs,
qui travailloient pour ſon Pere, & diſ-
parut ſoudainement, ſans que l'on pût
jamais apprendre ce qu'il étoit devenu. Ceux de ſon païs compoſerent
une chanſon ſur ce ſujet pleine de lamentations, & Nymphis aſſure chez
Athenée qu'elle ſe chantoit encore de
ſon temps avec des geſtes & des mouvemens pleins de compaſſion & de
pitié.

Ce ne furent pas seulement ces chanſons hiſtoriques qui contribuerent à l'invention des ballets, mais la coûtume d'introduire dans les feſtes & dans les feſtins des Muſiciens qui chantoient les Poëſies d'Homere, ſervit beaucoup à cette invention. Car Ariſtocles écrivant des chœurs de la Tragedie meſlez de chant & de danſe donne le nom d'Homeriſtes, à ces Rapſodeurs qui chantoient les vers de l'Iliade, & de l'Odyſſée avec une eſpece de repreſentation. Lyſanias au Traité qu'il a fait des Poëtes Jambiques, dit que Mnaſion un de ces chantres Rapſodeurs recita ou chanta en Pantomime des vers de Simonides. Demetrius Phalereus fut le premier qui introduiſit les chantres Homeriſtes ſur le Theatre, & à ſon imitation on y fit paroiſtre des Hilarodes, des Simodes, des Magodes, & des Lyſiodes, qui furent des chantres danſeurs, qui ne ſervoient qu'à divertir les ſpectateurs, chantant d'une maniere plaiſante, qui neantmoins retenoit quelques apparences de gravité, les vers d'Homere, d'Heſiode, d'Archiloque, de Minnerme, & de Phocylide. Les Hilarodes entroient

fur la Scene vêtus de blanc, avec une
couronne d'or. Les Simodes avoient
ce nom d'un Simus, habile chantre,
& habile danfeur. Les Magodes fe
déguifoient en femmes, & les Lyfro-
des étoient des femmes qui fe déguifoient en hommes pour chanter & pour
danfer, ce qui introduifit infenfible-
ment de grandes licences fur le Theatre. Les Magodes chantoient & re-
prefentoient des chofes extraordinaires, & qui tenoient du prodige, comme les chofes que font les magiciens.
Tous ces chantres & tous ces danfeurs n'étoient proprement que des
bouffons, & ce fut pour purger la
Scene de ces fpectacles indecens que
l'on eut recours aux ballets reglez,
& à ces chœurs graves que la Tragedie receut.

Nôtre Theatre a aujourd'hui des
pieces agreablement mêlées de chant
& d'entrées de ballet. La Tragedie
d'Ifis a des danfeurs au Prologue, au
commencement & à la fin des actes,
& en quelques endroits au milieu des
actes. La fuite de Neptune & d'A-
pollon danfe au Prologue. Dans la
fixiéme Scene du premier acte quatre
divinitez de la Terre, quatre divini-

tez des Eaux , & quatre divinitez des Richeſſes ſouterraines danſent. Le ſecond acte ſe termine par les Jeux & les plaiſirs qui danſent. Au milieu du troiſiéme acte , les Nymphes compagnes de Syrinx danſent. Des Silvains & des Bergers le font dans la ſixiéme Scene. Le quatriéme acte commence par la danſe des peuples de Scythie. La troiſiéme Scene eſt un Ballet de Forgerons qui forgent l'acier. La cinquiéme Scene eſt une entrée de la ſuite des Parques. Enfin la danſe des peuples d'Egypte finit toute la Tragedie, & s'il y a jamais eu de piece que l'on pût nommer Tragedie - Ballet , ce ſeroit celle-là , qui eſt coupée de de tant d'entrées de Ballets.

Il eſt ſeulement à craindre que tant d'entrées de Ballets qui ne ſont plus que de ſimples danſes ne ſe reſſemblent fort , & qu'on ne revienne ſi ſouvent aux Jeux , aux Zephirs , aux Amours , aux peuples de Scythie , de Lybie , & d'autres lieux , aux Cyclopes , aux Silvains , & aux Bergers, qu'à la fin ſi les Pantomimes ne ſe retabliſſent , on ne ſe dégoûte de ſes danſes figurées qui n'expriment que de beaux pas ſans rien repreſenter.

Des jeux d'esprit & de divertissement.

COmme les ballets ont été mis en usage pour former le corps & pour le rendre souple & propre à divers mouvemens, tant pour la guerre que pour les arts & la bienséance des actions, on a aussi inventé des Jeux pour délasser l'esprit, & pour l'instruire en le divertissant.

Les Italiens chez qui le commerce & la conversation ne sont pas aussi libres qu'en France, ont été les inventeurs de la plûpart de ces Jeux qui tiennent en même temps du spectacle, & qui se font d'une maniere gaye & serieuse toute ensemble, chacun y étant rangé & disposé avec une modestie grave & honnête, qui fait des lieux d'assemblée, & des entretiens, une espece de representation où toutes les loix de la bienséance sont observées au milieu des divertissemens. Cependant quoique les Italiens ayent inventé la plûpart de ces petits jeux, ce sont les François qui en sont les premiers Auteurs ; & en voici l'occasion. S'estant rendus maistres de la Ville de Sienne où ils laisserent une forte garnison durant les guerres d'Italie, les Cavaliers y introduisirent insensiblement l'usage des veillées à la maniere de France. C'estoient des assemblées de Dames & de Cavaliers qui se faisoient tour à tour dans les Maisons de qualité. Ces veillées se passoient en conversations agreables, où les Dames faisoient des demandes aux Cavaliers, & les Cavaliers aux Dames, & quand les réponses n'êtoient ny assez promptes, ny assez spirituelles, on condamnoit à quelque peine ceux qui n'avoient pas satisfait, & ces peines servoient au divertissement de l'assemblée.

Ce fut là que l'on commença à joüer aux Proverbes, chacun disant le sien, & le disant à propos avec quelque espece de liaison & de rapport au precedent. On y introduisit le jeu des discours suivis d'une maniere extravagante, parce que chacun disant un mot tout bas à l'oreille de son voisin, il étoit obligé d'en dire qui fissent une espece de sens avec les precedens, & la plûpart de ces mots se trouvant équivoques & de plusieurs sens differens quand on venoit à reprendre tout le discours, chacun difant tout haut ce qu'il avoit dit auparavant tout bas, on trouvoit d'agreables galimathias qui divertiſſoient la compagnie ! Comme en ce temps là les livrées, & les deviſes avoient un grand cours, elles étoient ſouvent le ſujet de ces converſations. Chacun donnoit un ſens aux couleurs de ſa livrée, l'interpretant de l'eſperance de la joye, de la douleur, de ſa paſſion, de ſes deſirs, & de ſes prétenſions. On faiſoit le même des deviſes auſquelles on donnoit des ſens heroïques, militaires, tendres, paſſionnez, & quelquefois même des tours malicieux pour divertir la compagnie. On continua ces aſſemblées aprés que les François ſe furent retirez de Sienne, & un ſoir la plûpart des Cavaliers ayant paru plus lents qu'à l'ordinaire à ſatisfaire aux queſtions que les Dames leur faiſoient, une Dame des plus conſiderables de la troupe leur dit, que veut dire ceci Meſſieurs, vous nous paroiſſez aujourd'hui auſſi ſtupides que ſi vous aviez été frappez de la foudre ? *Ci parete Signori queſta ſera tutti Intronati.* Ce mot d'*Intronati* les fit rire, & leur

paroiſſant

paroissant agreable , ils répondirent
qu'ils vouloient bien estre *Intronati.*
En effet, ayant changé ces assemblées
de veillées en des assemblées reglées,
où l'on ne traitoit plus que des sciences & des belles lettres , ils forme-
rent une espece d'Academie , & retinrent le nom d'*Academici Intronati.*

Ce fut l'an 1525. qu'ils commencerent leurs assemblées , & comme es
devises avoient été souvent l'entretien des veillées , où l'on parloit des
Cavaliers , de leurs belles actions ,
de leurs parures , de leurs armoiries,
& de tout ce qui servoit à les faire
paroistre plus galans , & plus spirituels , on resolut d'introduire dans ces
assemblées l'usage des devises , & il
fut arresté que chacun auroit la sienne,
On commença par celle de l'Academie , & comme ils avoient choisis le
nom d'*Intronati* à l'occasion que j'ay
dite , pour se faire une devise confor
me à ce nom , & à ce qui le leur avoit
fait donner , ils prirent une de ces
longues citroüilles ou calebasses se-
ches & creuses dans lesquelles les vil-
lageois conservent le sel , avec ces
mots, *Meliora latent,* pour dire que
comme le sel qui est le symbole de la

sageſſe eſt conſervé dans des citroüilles qui ſont le ſymbole de la ſtupidité ſous le nom d'*Intronati* & de ſtupides ils avoient beaucoup d'eſprit &
de ſageſſe, qu'ils faiſoient paroiſtre à
propos.

Un de ces Academiciens a publié
un livre entier des Jeux qui ſe faiſoient en ces veillées. Aſcanio de Mori a fait la méme choſe ſous le titre de
Giuoco piacevole dont tout l'artifice conſiſte en ce que pluſieurs Cavaliers
aſſemblez avec des Dames racontent
divers évenemens feints comme s'ils
leur étoient arrivez, obſervant dans
le recit de ces avantures ſuppoſées de
nommer par ordre Alphabetique le
nom d'une ville, d'une hoſtellerie,
d'un hoſtelier, d'une rareté que
l'on ait vûe, comme ſeroit un Palais
& un Jardin, d'un arbre particulier
remarqué dans ce Jardin; d'une Nymphe aſſiſe ſous cét arbre, d'un oiſeau
à qui l'on fait chanter un madrigal
avec une deviſe, & une Enigme que
l'on propoſe. Celui qui commence le
premier doit tout prendre dans la lettre A, le nom de la ville, le nom de
l'hoſtellerie, le nom de l'hoſtelier,
celui de la Maiſon ou Palais, de l'arbre,

de la Nymphe, de l'oiseau, de la devise, & du Madrigal. Le suivant
les prend dans le B. le troisiéme dans
le C. & ainsi des autres, chacun étant
obligé de donner un gage quand il
manque à quelqu'une de ces circon-
stances. Voici l'exemple qu'il donne de l'A.

Revenant de Lorette où j'avois rendu
un vœu à nôtre Dame, je passay par
Ancone l'une des principales Villes de la
Marche, & logeay à l'Ange, dont
l'hostelier nommé Antonello *me receut*
fort honnestement, & aprés m'avoir fait
voir tout ce qu'il y avoit de plus curieux
en cette ville-là, il me mena à Altamira
une maison de campagne, des plus belles
& des plus riantes de tout le païs. Elle
étoit hors la ville sur une petite éminence
dont on découvroit la mer. Ce qui me ra-
vit dans le jardin fut un Azerolier *si*
chargé de fruits qu'on eut dit de loin que
c'étoit un buisson ardent. Arethuse *la*
plus belle des Nymphes étoit assise sous
cét arbre avec une troupe de petits Amours
qui se joüoient auprés d'elle. Un Airon.
s'étant venu percher sur l'arbre dans ce
jardin enchanté chanta cét air que j'ay
retenu

Ahi fe podeffe il mio fi caldo affetto
Cacciar dal Freddo petto
Del mio Signor il gel, che fpegne
        tutto
Le Fiamme in lui d'Amore !
Cangiar, vedrefte ancor in rifo, in lut-
        to
Ed in gioia converfo ogni dolore
Tratt' a miei dolci carmi Amor in-
        tento,
E fermarfi le ftelle, il Sol, e'l vento.

La devife étoit un agneau avec ces
mots

Ma douceur me rend aimable.

Le Prince Thomas de Savoye inventa un de ces jeux le plus agreable
& le plus fpirituel du monde. Tout
le Poëme de l'Ariofte en faifoit le fujet, & pour cela il s'appelloit *le La-
b,rinthe de l'Ariofte.*
*Il Laberinto dell' Ariofto Gioco Heroïco
di Cavalieri e Dame.*
Ce jeu fut inventé fur ce vers de
ce Poëte, où parlant de fes Heros &
de fes Heroïnes, il dit que s'étant
affis en cerc'e ils fe divertirent en fai-

fant un jeu agreable.

Facean sedendo in Cerchio un Gioco lieto.

Ce jeu demande une grande table ronde capable de tenir au moins douze personnes. Sur cette table est peint un grand Labyrinte à plusieurs tours & retours, & comme on a fait à Versailles un labyrinte où il y a trente neuf fables d'Esope representées par autant de fontaines, & expliquées par autant de Madrigaux, celui-ci étoit composé de trois cent trente neuf maisons ou *cases*. dont un grand nombre est figuré des actions principales du Poëme de l'Arioste. Chacun des joüeurs prend un nom de ceux de ce Poëme, de Roland, de Roger, de Bradamante, de Marphise &c. Comme chacun a en bois ou en argent ou de quelqu'autre matiere une petite figure de ces personnages avec le nom écrit ou gravé au bas. On joüe avec trois dez marquez si l'on veut de plus de points que les ordinaires, & si l'on veut de douze faces au lieu des six ordinaires. Les Cases sont de simples nombres, & de figures ; celles de simples nombres ne servent qu'au progrez du jeu pour marquer autant de points que l'on en a jettez, Les Cafes de figures font tout le plaifir du jeu par les diverfes allufions qu'elles font à divers endroits du Poëme. Elles font de plufieurs efpeces, il y a les fimples paffages, les grands paffages, les grands honneurs, les lieux de peine, ou les prifons, les liberateurs, le grand liberateur. Les paffages fimples font dans les voyes du labyrinte, les grands paffages font dans les retours.

La premiere Cafe figurée eft la fuite d'Angelique, qui court à cheval au travers des bois, c'eft par où l'Ariofte a commencé fon Poëme, qui jette le nombre de cette Cafe, fe met auffi-toft aprés à chanter l'octave de l'Ariofte où cette fuite eft décrite.

Lafcia cura al deftrier che la via faccia.

Le Pont de la Geante fait la feconde Cafe figurée.

Difende il ponte: e forza e inganna, e fura

C'eſt une Caſe penale où l'on paye en mettant une marque dans la Caſe des aſſaſſins, au nombre 259.

La troiſiéme eſt Ferragut qui prend Renauld en crouppe.

Da quattro ſproni il deſtrier punto arriva.

On paſſe deux paſſages plus avant. Un des grands honneurs eſt le temple de Merlin.

Queſta è l'antica e memorabil grotta Ch'edificò Merlino il ſacro Mago.

Tous donnent une marque à celui qui y eſt parvenu. La Barque de Bretagne ſuit aprés ſur cette ſtance

Qui Cavalier non varca, &c.

Ainſi des autres, dont voici la diſpoſition.

Le nombre 1. eſt la fuite d'Angelique. Le nombre 6. le Pont de la Geante 11. c'eſt Ferragut qui prend en croupe Renaud. 13. eſt le temple de Merlin. 17. la barque de Bretagne.

temens. 257. Bradamante sur le pont.
259. Marphise enleve aux assassins le
butin qu'ils avoient fait. 262. Marphise délivre les prisonnieres de Marganor. 266. Bradamante porte Rodomont sur sa lance. 267. Purgatoire de
saint Patrice. 272. Mandricard tom-
be dans un fossé. 277. un Heraut vient
défier Charlemagne. 282. un Ange
délivre du Purgatoire. 287. Naufrage
de Roger. 288. Porte du Paradis. 297
Roger arresté par des monstres. 298.
Melisse délivre Bradamante de la grotte de Merlin. 302. Dalinde penitente.
308. un Cavalier poursuit Renaud.
313. un Hermite délivre Roger. 318.
un Cavalier vole en l'air , & dispa-
roist avec son cheval. 323. Bradamante retourne à la grotte. 327. le Paradis
terrestre. 329. Renaud dans la forest
Calidonie. 334. Fontaine de l'oubli.
339. Fanal du port, c'est la derniere
Case, & celui qui y entre le premier
gagne le jeu & tout ce qu'on y a
mis. Tout le Poëme de l'Arioste est
figuré en quatre-vingt & neuf Cases.
Tous les autres nombres sont simples
& sans figures & ne servent qu'au
progrez du jeu. Des Cases figurées
qui representent quelque histoire du

Poëme, les unes font des paffages fimples où l'on ne s'arréte pas, mais on va deux paffages plus avant, & fans s'arréter au troifiéme, on occupe le premier nombre fimple qui fe trouve vuide aprés ces trois paffages. Les grands paffages font ceux qui font placez fur les retours du labyrinto, ceux-là portent au premier nombre fimple qui fe trouve vuide aprés trois paffages. De ces Cafes figurées quelques-unes font favorables ou defavantageufes feulement aux Cavaliers, & d'autres feulement aux Dames. Les grands honneurs font le Temple de Merlin, le Palais d'Alcine, le Palais de Logiftille, la Maifon où fe trouvent les chofes perduës, la Cafe où Marphife enleve le butin aux affaffins. Le Paradis terreftre. Tous ceux qui entrent en une de ces Cafes ont un privilege felon l'hiftoire, & tous les autres leur payent une marque. Les grandes peines ou Prifons majeures font le château d'Atlas, la Balene, l'Orque, la Prifon d'Alcine, le Siege de Paris, la Ville des Amazones, le Palais de Pinabel, le lieu de la folie de Roland, les rets de Caligorant, la Vallée de Marganor, le purgatoi-

D d ij

re de faint Patrice, le Naufrage de Roger. Quiconque entre en l'une de ces douze Cafes met une marque au jeu, & y demeure prifonnier jufqu'à ce qu'un Liberateur entre dans une Cafe qui ait du rapport à celle-ci pour délivrer le prifonnier. Les Liberateurs font ceux qui entrent en quelque Cafe privilegiée felon l'hiftoire, & ils délivrent les Cavaliers ou les Dames, un ou plufieurs felon l'hiftoire, & reçoivent une marque de ceux qn'ils délivrent qui paffent au premier nombre fimple qui n'eft pas occupé. Le grand Liberateur délivre tous les prifonniers des douze prifons : fi tous fe trouvoient prifonniers on recommenceroit le jeu. Tous ceux qui s'oublient de joüer quand c'eft à leur tour, ou qui font quelqu'autre faute, mettent une marque à la fontaine de l'oubli.

On n'a pas manqué de moralifer fur ce jeu, & fur ce Poëme.

Le Palais d'Alcine eft l'image de la vie humaine dans laquelle la plûpart des hommes recherchent avec beaucoup de foin cette felicité imaginaire qu'ils fe flattent toûjours d'y trouver, & qu'ils ne trouvent jamais en effet, parce que ce n'eſt pas en cette vie que la Providence l'a miſe. Le monde eſt figuré ſous le magicien Atlas qui nous trompe en mille manieres, n'ayant rien de tout ce qu'il nous promet, & ne pouvant nous donner que des apparences de biens, avec leſquelles il tâche de nous détourner de la pratique du bien & de nous entretenir dans une molle oiſiveté, feignant ſouvent de ne chercher que nôtre propre utilité, lorſqu'en effet il ne travaille qu'à nous decevoir. Il prend pour cela pluſieurs formes, particulierement celle de Geant, pour nous faire connoiſtre que les choſes du monde nous paroiſſent plus grandes qu'elles ne ſont. Roger qui erre dans ce palais avec quelques autres Cavaliers, eſt le ſymbole de nôtre eſprit qui étant embarraſſé dans le labyrinte du monde ne peut trouver de voye pour en ſortir. Bradamante qui ne s'applique qu'à délivrer Roger eſt la Raiſon, qui cherche à retirer l'eſprit de ſes égaremens; qui ſe plaint de lui, & qui le preſſe autant qu'elle peut de ſuivre ſon devoir. A peine ſont-ils reconciliez l'un avec l'autre qu'ils décou-

D d iij

vrent bien-toſt les tromperies, & les
pieges qu'on leur dreſſoit pour les ſurprendre. Ce qui fait voir que quand
l'Eſprit & la Raiſon ſont d'accord ils
ſurmontent facilement tous les mauvais deſſeins que le monde pourroit
avoir.

Marphiſe eſt l'image de la vertu
auſſi eſt-elle ennemie de l'Amour, &
des plaiſirs dont elle tâche de retirer
les autres par ſes ſalutaires conſeils.
Les Demoiſelles qui invitent aux plaiſirs ſont les affections de la terre qui
cherchent à débaucher le cœur. Fleurdelys qui cherche Brandimart ſon
époux & qui s'afflige moins que les
autres, enſeigne qu'un deſſein honné-
te n'ôte point la tranquillité de l'eſprit, & ne cauſe jamais des mouvemens auſſi violens que ſont ceux
de nos paſſions. Aſtolfe eſt la figure d'un homme prudent qui ſçait pra-
tiquer la vertu, & s'acquiter de
ſon devoir & de ſes obligations ſans
ſe laiſſer ſurprendre aux charmes des
plaiſirs du monde, & des douceurs
de la vie. Les contrarietez qu'il trouve au milieu des ſoins qu'il prend de
faire revenir les autres de leurs égaremens, nous montrent les oppoſitions

que trouvent dans le monde ceux qui s'appliquent à la conduite des autres, étant souvent moquez, censurez, & même maltraitez. Ce qui fait voir qu'il est difficile de retirer du désordre les personnes qui s'y sont engagées.

On publia il y a sept ou huit ans un jeu des champs Elisées que l'on disoit tiré des manuscrits du grand Confutius ancien philosophe Chinois, & découvert par Ismaël Mohilou Komakolziesky Astrologue Tartare dans l'Ambassade que les Holandois envoyerent dans la Chine l'an 1657. Ce jeu est composé de Barques, de Cages, de Nuits, de Raquettes, du Feu, du Chariot, d'un Boiteux, d'un Singe, d'un Riche, d'un Diable, d'un Gueux, d'une Meûniere, d'un Moulin, de la Mort, de l'Ecrevisse, d'un Gouffre & d'une Couronne. Qui va sur une barque redouble sont point, qui va à l'Ecrevisse joüe toûjours à reculons jusqu'à ce qu'il ait regagné la porte pour rentrer dans le jeu du premier sens. Il y a d'autres regles aussi plaisantes de ce jeu, qui n'est qu'une imitation du jeu de l'oye sur lequel on en a formé une infinité d'autres plus ou

D d iiij

moins spirituels , & quelques-uns
fort inutiles , comme celui-ci des
champs Elysées qui n'enseigne rien
ny de l'histoire, ny de la fable , ny
des arts, & qui ne montre rien avoir
de mysterieux , comme cent autres
choses qui nous viennent de la Chine.
Ainsi on pouvoit laisser ce jeu dans
les manuscrits de Confutius où il étoit
enseveli.

Il est vray que l'esprit a necessairement besoin de quelques divertissemens comme le corps a besoin de
repos, mais il seroit à souhaitter que
ces délassemens de l'esprit luy fussent
utiles , au lieu que la plûpart ne servent qu'à le dissiper , & quelques-uns mémes le corrompent & le débauchent. C'est ce qui a obligé les
Peres de l'Eglise de faire des déclamations si fortes contre le jeu, & un
Saint du siecle passé avoit raison de
dire que l'on y perdoit ordinairement
le temps , les biens , & la conscience.
Il n'en est pas de méme de ces jeux spirituels qui instruisent en divertissant,
& dont quelques-uns sont des leçons
de Morale. Ainsi nous devons loüer
le zele des personnes qui en inventent de cette maniere , particuliere-

ment pour la jeuneſſe, qui aime naturellement à ſe divertir, & qui pourroit ſans beaucoup de peine remplir
ſa memoire & ſon imagination de
bonnes choſes ſi on les accompagnoit
de ce plaiſir, & de ces inventions
ingenieuſes, comme on a fait en ce
ſiecle, où tant de jeux differens ont
paru, pour rendre aiſez les principes de la plûpart des arts & des ſciences. Le labyrinte de l'Arioſte pourra
ſervir d'idée à ceux qui voudront ſe
donner la peine d'en faire de ſemblables.

Il ſeroit à deſirer que quelqu'un
entreprît de mettre l'Iliade, & l'O-
dyſſée d'Homere, l'Eneïde de Virgile, les Metamorphoſes d'Ovide, &
l'Hiſtoire même Grecque, Romaine,
& de divers pays en de ſemblables
jeux, & qu'on leur ôtat tous ces jeux
d'oye, & de Dames, qui ne ſervent
à rien. C'eſt merveille que l'Arioſte
dont le Poëme eſt ſi peu regulier ſoit
devenu la ſource & le fond inépuiſa-
ble des deſſeins de la plûpart des ballets, des Tournois, des Carrouſels,
des Emblemes, des Deviſes, des
Tapiſſeries, des Romans, des Peintures, des Galeries, des Jeux, & des

Divertiſſemens , de tant de Critiques & d'Apologies , de diſſertations & de recherches , & une Ecole même de morale par les ſens allegoriques que l'on lui a donnez , & que l'on ait negligé tant de Poëmes des Anciens qui ſont ſi riches en inventions ſi juſtes en leur conduite , & ſi beaux en leurs penſées , & en leurs expreſſions.

On a mis depuis quelques années l'Hiſtoire , le Blaſon, la Fable , la Geographie , & la Grammaire même en jeux de cartes. Les Italiens ont imité la plûpart de ces jeux , & les ont traduits en leur langue , & Dom Annibal Aquaviva Cavalier d'une naiſſance tres-illuſtre , a inſtitué à Naple une ſocieté en forme d'Academie ſous le nom de *gli Armeriſti* , où une fois la ſemaine on s'aſſemble pour ſe divertir & s'inſtruire au jeu de cartes du blaſon , chacun diſcourant ſur la carte qui lui eſt écheüé. On étend une grande carte de Geographie ſur une table , autour de laquelle ils ſont tous aſſis , & comme les principales maiſons de l'Europe ſont marquées dans les cartes, particulierement celles des Souverains & des Princes , on y mar.

que les endroits de leurs Eſtats & de leurs poſſeſſions, & tout ce qui peut ſervir à les faire connoiſtre par quelques remarques de l'hiſtoire. La deviſe de cette aſſemblée eſt cette table avec la table geographique de l'Europe ſur laquelle ſont quelques cartes du jeu des armoiries, & ces mots qui expliquent leur deſſein de s'inſtruire en ce divertiſſant *Pulchra ſub imagine ludi :* Ils ont auſſi fait un autre jeu de toutes les maiſons nobles des cinq Segges de la Ville de Naples à l'imitation du jeu du blaſon du chemin de l'honneur imprimé en France depuis une douzaine d'années. C'eſt ainſi qu'ont commencé la plûpart des Academies d'Italie par des divertiſſemens utiles & inſtructifs, qui ſont depuis devenus des Conferences reglées ſur les matieres les plus importantes & les plus ſpirituelles des arts & des belles lettres.

FIN.

TABLE

DES
MATIERES PRINCIPALES
CONTENUES EN CET
OUVRAGE.

FIN DE LA TABLE.

FAUTES A CORRIGER.

PAge 13. où la Dame n'eut quelque part, *lisez* la Danse. 14. quelques-autres Peres ont declaré, *lisez* declamé. 19. & ailleurs en plusieurs endroits Apollon est mal écrit par un double pp. Appollon.

L'Imprimeur s'est servi en tout cét ouvrage de si méchans caracteres Grecs, que la plûpart ne marquent pas, & sont separez les uns des autres, ou mal accentuez, particulierement en la page 197. 62. *L'imprese Cio canto*, lisez *L'imprese io canto*. 76. & 77. Alcide, *lisez* Alcine. 118. les Dryades rfient, *lisez* firent. 121. 122. leurs mardises, *lisez* marchandises. 137. sont si disparantes, *lisez* disparates. 288. Aristote a qui reglé. *lisez* qui a reglé. 305. es Devises, *lisez* les Devises. Il y a deux fausses reclames, l'une page 88. *mais*, au lieu de *corde* : l'autre page 96. *corde*, au lieu de *soin*.

BALLETS
ANCIENS

B.I.

www.ingramcontent.com/pod-product-compliance
Lightning Source LLC
LaVergne TN
LVHW010841060726
842526LV00002B/355